JN302295

グローバル化を読みとく──**2**

アメリカ経済とグローバル化

渋谷博史
樋口　均
塙　武郎／編

学文社

まえがき

　本書は，シリーズ「グローバル化を読みとく」の第2巻である。同時に刊行される『世界経済とグローバル化』を第1巻とし，さらに，第3巻『中国経済とグローバル化』の作業を開始している。その動機は，21世紀の日本と日本人が置かれている状況を理解するための手助けである。そのために，さまざまな専門分野の研究者に集まってもらってプロジェクト・チームを作っている。

　この第2巻『アメリカ経済とグローバル化』を書きあげるプロセスでも，各執筆者は自分の研究分野についてもっと書き込みたかったであろうが，敢えて我慢してもらった。紙数の限界ではなく，現在のグローバル化のプロセスにおいて，アメリカ経済がどのように変貌しつつあるのかを体系的に提示するために，第1巻と同様にそれぞれの分野については最小必要限のことをわかりやすく説明してもらうというコンセンサスで，本書は書きあげられている。

　別の言い方をすれば，アメリカ経済やグローバル化について，専門家の立場で「これだけは知っておいてもらいたい」という気持ちで各執筆者が書込みすぎて，知識偏重の読みにくい書物になることを恐れたのである。そんな事典のような本ではなく，アメリカ経済やグローバル化についてエッセンスを軸に据えて体系的かつダイナミックな論理で，読者に伝えることを優先した。

　第1巻『世界経済とグローバル化』においては，中国を軸とする東アジアの国際分業システムの構築と拡大に焦点を当てて，世界経済の構造変化をみたが，この第2巻『アメリカ経済とグローバル

化』では，そのグローバル化のインパクトによって，アメリカの経済社会がどのように変化しつつあるのかという面もみるが，他方では，そのグローバル化のプロセスを，同時に，アメリカ国内で形成されるアメリカ・モデルの経済社会システムが国際的に普及するものであるという問題意識を強くもって，考察しようとする。

すなわち，外延的に地球全体に広まろうとするアメリカ・モデルの原型を描きだすことが，本書の目的である。グローバル化の中で，アメリカ・モデルの市場と民主主義の経済社会がそれぞれの国に浸透してくるので，あらかじめ，そのアメリカ・モデルを理解しておくと，それぞれの国で自分バージョンに転換する作業が，少しは効率的で楽に進めることができると考えている。

いわゆる「グローバル・スタンダード」といわれるものが，本質的に市場と民主主義の経済社会の基本論理であるとしても，表面的には超大国アメリカの国内で形成されるアメリカ・モデルの中に存在するという二層構造になっている。それを見抜くことで，各国はさまざまな国際交渉も少しは容易になり，また，自分バージョンの構築も分かり易くなると思われる。

若い世代が今後の 21 世紀における日本のあり方について考える時に，本書が少しでも役立ってくれれば有難いと思っている。

2013 年 1 月 4 日

編者を代表して　渋谷 博史

目 次

まえがき　i

序　章　アメリカ・モデルの二面性 …………………… 1
〔渋谷 博史〕
- **0-1**：映画「メイド・イン・マンハッタン」―機会の平等と勤勉　1
- **0-2**：映画「ジョン・Q」―個人レベルの敗北　3
- **0-3**：映画「アザー・ピープルズ・マネー」―競争と柔軟性　5
- **0-4**：映画「麗しのサブリナ」―20世紀のパクス・アメリカーナ　7
- **0-5**：本書の構成　9

第1章　アメリカ経済の構造　労働編成と貿易構造 ……… 11
〔渋谷 博史〕
- **1-1**：労働編成と産業構造　13
- **1-2**：貿易構造　21

第2章　自動車産業の衰退と大量失業問題
デトロイトの事例 ……………………………… 28
〔塙　武郎〕
- **2-1**：アメリカ自動車産業の衰退　28
- **2-2**：GMの苦難　34
- **2-3**：デトロイト経済の悪化と大量失業　43
- **2-4**：自動車産業の再始動―21世紀への展望　51

第3章　IT産業の成長と国際展開 ……………………… 53
〔田村　太一〕
- **3-1**：「ニューエコノミー」とIT革命　53
- **3-2**：IT産業の成長　57
- **3-3**：IT企業の国際展開と国際分業　62

第4章　航空産業の規制緩和と再編 ………………… 68
〔樋口　均〕
- **4-1**：1978年航空規制緩和法　69
- **4-2**：航空産業の再編と航空市場の変化　74
- **4-3**：規制緩和の成果と限界　80

第5章　アメリカ金融システムの新たな展開 ………… 84
〔三谷　進〕
- **5-1**：アメリカ金融システムの歴史的な概観　85
- **5-2**：サブプライム金融危機が金融システムに与えた影響　92
- **5-3**：金融規制の強化とアメリカ金融システムの行方　96

第6章　分権的な「小さな政府」と民間福祉 ……… 100
〔根岸　毅宏・吉田　健三〕
- **6-1**：分権的な「小さな政府」　101
- **6-2**：福祉分野の民間の活用　108
- **6-3**：医療保障システムと無保険者問題　115

第 7 章　クリエイティブ産業論と芸術文化の活用

·· 121

〔渋谷　博史〕

7-1：労働編成の変化とクリエイティブ産業論　121

7-2：福祉と就労支援における芸術文化の機能　124

7-3：能力開発プログラム―ブロンクスのポイントの事例　126

終　章　アメリカ・モデルと資源制約 ············· 137

〔渋谷　博史〕

あとがき　143

引用・参考文献　146

索引　151

序章 アメリカ・モデルの二面性

（渋谷 博史）

　アメリカは世界一の経済大国であるだけではなく,「自由」に至上価値をおいて,「自由主義的な民主主義と市場経済」のアメリカ・モデルを目的とする国である。元来, アメリカはヨーロッパの束縛から自由になるために建国され, 宗教的束縛や非民主主義的な圧制から解放されるために 21 世紀の現在でも世界中から人々が移民してくる。他方では, そのアメリカ・モデルの自由主義と市場経済が厳しい競争と大きな社会的格差をもたらすとして, 世界の各国で, アメリカ・モデルが自国に浸透することを阻止しようとする動きもある。

　本書では, アメリカ・モデルのプラス面（自由と自立）とマイナス面（競争のもたらす厳しい格差）という 2 面性を描き出したい。日本人にとって学ぶべき点と反面教師とすべき点を, できるだけ客観的にわかりやすく説明するために, ここでは, 4 本のアメリカ映画を素材として, そこから, アメリカ・モデルの特徴を抽出することを試みる（渋谷 2010, 渋谷ほか 2010, 渋谷・塙 2010）。

0-1：映画「メイド・イン・マンハッタン」[1]
―機会の平等と勤勉

　この映画は, アメリカン・ドリームは教育と技能習得によって到

---

[1] 原題：Maid in Manhattan, 2002 年公開, ウェイン・イン監督

達できるというアメリカ・モデルの哲学と仕組みを表現している。ニューヨークのマンハッタン地区の高級ホテルで働くマリサという名のメイドさん（ジェニファー・ロペス主演）のシンデレラ・ストーリーである。マリサは，典型的な貧困地区であるブロンクスに生まれ育ったヒスパニック系のシングルマザーであり，息子と二人暮らしであるが，もう少しでメイド職からマネージャー職へ昇進するチャンスをつかむほどの仕事ぶりであった。他方，王子様は，ニューヨーク州を選挙区とするマーシャル上院議員候補であり，しかも2世議員の家系であり，アングロサクソン系の白人である。

　この現代アメリカのシンデレラ・ストーリーは単純であり，それ故にこそ，アメリカ・モデルの特徴を明確に示している。第1に，身分や人種・民族や職業を超えて人間は平等であり，愛があれば結ばれるという民主主義である。第2に，ブロンクス生まれのヒスパニックの女性でも，夢に向かって一生懸命生きていれば，職業においても愛においても報われるのである。アメリカに実在する社会的格差の階段を努力次第では上昇できることが肝要である。

　しかし大事件が発生する。マリサが，宿泊客からクリーニングに出すように命じられた高級服を自分の私用に着てしまった。マリサがメイド職からマネージャー職に昇格できるチャンスを獲得したのは，ベッドメイキング等の技能が優秀というだけではなく，高級服を任せられるほどに信用を得る仕事振りであり，それは同時に高級ホテル全体の信用を支えるものでもあった。ところが，信頼を裏切る一度の行為によって，マリサは昇格のチャンスを逃すどころか，高級ホテルを解雇された。

　そしてマリサは，ブロンクスとマンハッタンと往復しながら，社

会的階段を再び登るために信頼喪失から再起しようとする。このシンデレラ・ストーリーは単なる「玉の輿」物語ではなく，マリサが仕事のうえで信用と誇りを再獲得するという「自立」を基盤として，愛の成就にいたる。その姿に，アメリカ・モデルの至上価値である自由のための自立と自律と自助の可能性を見せるという映画である。仕事と労働を通して，社会的な階段を上昇することが人間としての価値形成にもつながり，「王子様」からの尊敬と愛を獲得できるというのである。

しかし，自立と自律のための競争的な社会構造には厳しい側面がある。それを，医療問題を通して表現したのが，次に取り上げる映画「ジョン・Q」である。尊敬と愛の基盤となる仕事と経済力を失う時に，経済的な貧乏だけではなく，もっと悲しい気持ちに陥るのである。

0-2：映画「ジョン・Q」[2]——個人レベルの敗北

ジョンQ（名優デンゼル・ワシントン）は，シカゴ市内の重機器メーカーに15年勤務するブルーカラーである。近年のグローバル化による国際競争の激化でその企業の経営が悪化したことが背景にあって，ジョンQは正規雇用から半日勤務のパートタイム雇用に格下げになり，それにともなって，雇用主提供医療保険の給付内容も削減された。

---

2) 原題：Jon Q，2002年公開，ニック・カサヴェテス監督

ここで重要なのは，正規雇用の雇用主提供医療保険では子どもの心臓移植手術がカバーされていたが，格下げにともなう医療保険内容の削減で，それが外されたことである。1人息子の心臓手術が必要になり，大病院の院長や心臓外科医長と面談した時に，パートタイム雇用のジョン・Qの医療保険によってその手術費用がカバーされないので，手術費の25万ドルが現金支払で必要となると言われた。しかしジョンQの年収は1.8万ドルであり，持ち家もなく，預金がわずか0.1万ドルという経済状況であった。

　さて，ジョンQは息子の心臓移植手術を要求して病院立てこもり事件を起こしたが，その後のハッピーエンドに至る顛末は映画を観ていただくとして，本書の問題意識から興味深いのは，アメリカでは，雇用主提供医療保険において，その人のポジションによって保険内容に格差が生じるということである。

　おそらく，ジョン・Qのパートタイム雇用への格下げと医療保障の引き下げは，企業の経営戦略の一環として実施されたのであり，その合理化策は，アメリカ経済内部の競争環境にだけ規定されるものではない。グローバル化の進展で国際競争が激化する中でアメリカ経済全体が大きく再編しながら世界経済の中の最適な位置を模索するプロセスがあり，その大きな歴史の流れの中で，企業も合理化を迫られ，ジョン・Qとその家族も巻き込まれるのである。

　先にみたアメリカ・モデルの積極面の自由と自立と自助を担う個人の営みは，常にこのような厳しいリスクを背中で感じながら行われている。そして不運にも，一人息子の心臓手術をカバーする医療保険を獲得できるポジションを失うことは，金銭的な貧乏だけではなく，ジョン・Qにとって自分の命よりも大事な息子の命を救う

序章　アメリカ・モデルの二面性

ことができないという屈辱的な立場を強いるのである。

　次に映画「アザー・ピープルズ・マネー」をとりあげて，企業レベルの競争についてみよう。

0-3：映画「アザー・ピープルズ・マネー」[3]
─競争と柔軟性

　不思議な名優であるダニー・デビートが演じる「乗っ取り屋ガーフィールド」が，名門企業である New England Wire and Cable 社の株主総会に乗り込んで，持ち株の買い取りを株主たちに申し入れる場面が実に面白い。

　　この会社は死んでいる。……その訳は，光ファイバーだ。新しい技術だ。時代の変化だ。金を失う方法を知っているか？　落ち目の会社に投資することだ。すべてパアになる。ゆっくりと確実に。……みな死んだ会社に投資している。的確な判断力と礼儀正しさでこの会社に別れを告げて，有望株に投資すべきだ。

　すなわち，20世紀末からのアメリカ内外における IT 革命とグローバル化のプロセス，具体的には不可逆的な技術革新による光ファイバーの普及，国際競争の激化が業績悪化の原因であり，それ故に，「この会社は死んでいる」というのである。
　そして，「的確な判断力と礼儀正しさでこの会社に別れを告げて，

---

3)　原題：Other People's Money，1991 年公開，ノーマン・ジェイソン監督

有望株に投資すべきだ」として，ガーフィールド側の敵対的買収に応じろと勧める。しかも，その経済的に合理的な行動が，社会全体の発展にも寄与すると説くのである。

　みんなが株主になった時の唯一の目的は金のはずだ。自分の投資した会社が何を作ろうと関係ない。目的は金だ。俺が金をつくってやる。それを他の企業に投資しろ。運がよければ有望な投資ができる。新しい産業を生み出し，経済に貢献して，幾ばくかの配当金が自分の懐に入る。よい葬式をしてくれ。

　グローバル化と IT の新技術という新しい状況の中で，重厚長大型の企業が役割を終えるので，そこから資金や資源を引上げて，「有望な投資」に回せば，「新しい産業を生み出し，経済に貢献して，幾ばくかの配当金が自分の懐に入る」のである。同時にそれは，新しい状況に対応するアメリカ経済全体の再編を柔軟かつ効率的に促進することになるというのであろう。

　「乗っ取り屋ガーフィールド」を演じるダニー・デビートが不思議な名優であるというのは，「目的は金だ」，「俺が金をつくってやる」という「金の亡者」のようにセリフを言いながら，同時に，「新しい産業を生み出し，経済に貢献して……」という「正論」を述べる時に，その株主総会に出席している株主だけではなく，映画をみている我々も，「金の亡者」と「正論」の混在に戸惑い，うろたえるのである。ダニー・デビートが名優なのは，うまく演じて不思議な雰囲気を作るからではなく，アメリカ・モデルに内在する個人レベルの「金の亡者」的な次元と，社会的に合理的な経済活動の混在を上手く表現できているからである。アダム・スミスの市場メ

6

序章　アメリカ・モデルの二面性

カニズムにおける「神の手」を，現代のアメリカ企業の株主総会を
素材にわかりやすく説明したといえよう。

　上述のジョン・Qの個人レベルの悲惨な現実も，このような厳
しい資本主義的な市場経済における企業の競争的な経営に規定され
る。しかし，その厳しい市場競争から経済発展の活力が生まれると
いうアメリカ・モデルの哲学も見逃せない。次に取り上げる映画
「麗しのサブリナ」では，実に楽観的なアメリカ・モデル論が展開
される。

0-4：映画「麗しのサブリナ」[4]
── 20世紀のパクス・アメリカーナ

　映画「麗しのサブリナ」（主演オードリー・ヘプバーン）が世界中
で上映されたのは，パクス・アメリカーナが形成され，まさにアメ
リカン・ドリームをもって世界にアメリカ・モデルが浸透し始めた
20世紀の中葉であった。サブリナは，ララビー財閥のララビー社
長に仕える運転手の娘である。「カサブランカ」のハンフリー・ボ
ガードが演じるララビー社長とサブリナの恋の顛末については映画
を観てもらうとして，ここではララビー社長による次の台詞に着目
したい。

　「もっと金が欲しいのか」という問いに対して，「金が目的ならば事
業などしない。金は副産物だ」と答え，さらに「目的は権力か」と問

───────────────
4)　原題：Sabrina，1954年公開，ビリー・ワイルダー監督

7

われ，「新しい産業が起こり，低開発地域が潤い，工場が建ち，港ができる。その結果，貧しい人々が豊かになり，ハダシの子どもが靴を履くことができる。市民に図書館，病院，グラウンド，それに映画館を与えることがなぜ悪い。」と答えた。

すなわち，アメリカ・モデルでは，資本主義的な利潤動機に基づく企業の力強い活動が社会全体の経済発展の基礎となる。冒頭で述べた自由社会を構成する個人が自立的かつ自律的に生きるのは，このような社会経済の発展のプロセスの中である[5]。

以上みたように，アメリカ・モデルとグローバル化について考察する際のキーワードは，第1に自律的に自立する個人を基礎とする自由社会，第2にその経済的基盤としての資本主義的市場経済，第3に民主主義的な政府とそのもたらす社会インフラ（法秩序や福祉国家システム）である。

このようなアメリカ・モデルが，現在のグローバル化の中でアメリカから世界へ発信されるが，それを世界の各国が受容するプロセスで，市場化にともなうマイナス面が生じ，それぞれの国々において伝統的で歴史的な非市場的な仕組みがそれに対抗し，その市場化と民主化へのトレンドのスピードを調整することは，本書の姉妹編『世界経済とグローバル化』でみるとおりである。

---

5) 本書の姉妹編である『世界経済とグローバル化』の序章で取り上げるリボリ教授は，名著『あなたのTシャツはどこから来たのか？』で，中国の農村部からの出稼ぎの女工のインタビューを引用して，農業労働の束縛から解放され，わずかでも賃金を稼いで自分の主体的な判断で洋服等の消費財を買物できることの喜びを取り上げている。それは，単に消費水準の向上だけをいうのではなく，自分の労働で稼いだ所得で自分の意思で買物ができる自由という意味である。

序章　アメリカ・モデルの二面性

　実は，アメリカ国内においても，アメリカ・モデルのもたらす市場メカニズムの厳しいインパクトを，福祉国家システム（NPO等の民間部門も含む）によって緩和することが不可欠である。逆からいえば，そのような緩和メカニズムを内蔵しなければ，資本主義的市場経済における厳しい競争の場で自律的に自立する個人を基礎とする自由社会は，存立しえないのである。

　以上のような問題意識を共有しながら，本書では以下の構成を通して，アメリカ経済の理解を試みるものである。[6]

0-5：本書の構成

　第1章「アメリカ経済の構造：労働と産業と貿易」（渋谷博史）では，第1にグローバル化のプロセスにおいてアメリカ経済のサービス化が一層加速し，その中で労働編成における二極分化が進み，サービス部門における大量の低技能・低賃金の職種が下方シフトの労働者大衆の受け皿となったこと，第2に国内のサービス化は製造業の国際競争力の低下と表裏の関係にあり，貿易収支と経常収支の大幅赤字が発生したことを明らかにする。

　そのアメリカ経済の構造変化の中で代表的な産業部門がいかなる変貌を遂げるのかを検討するのが，第2章「自動車産業の衰退と大量失業問題」（塙武郎）と第3章「IT産業の成長」（田村太一）と第4章「航空産業の規制緩和と再編」（樋口均）である。すなわち，国

---

6)　本章のアメリカ・モデル論は，渋谷博史監修『アメリカ・モデル経済社会』の第1〜3巻でハイエクやブキャナンやマルクスやウェーバーの理論と関連させて考察したもののエッセンスである。

9

際競争力の低下によって自動車産業が衰退し，IT 革命を担う IT 産業の発展の内実はモノとしてのコンピューター生産から情報サービス分野への転換であり，また規制緩和と価格引き下げによる航空産業の拡大はアメリカ経済のサービス化の典型といえよう。

　このようなアメリカ経済社会の転換に対応する社会インフラを扱うのが，第 5 章「金融システムの新展開」（三谷進）と第 6 章「分権的な「小さな政府」と民間福祉」（根岸毅宏，吉田健三）と第 7 章「クリエイティブ産業論と芸術文化の活用」（渋谷博史）である。

　すなわち，第 5 章では 1970 年代から進行した金融証券の規制緩和の長期トレンドを確認したうえで，近年の金融危機への対応による再規制を検討して，自由主義のアメリカ・モデル経済社会において必要とされる制度的な枠組みを明らかにする。第 6 章でもアメリカ・モデル福祉国家（年金，医療，福祉）における分権構造と民間活用のシステムを提示し，第 7 章では，第 1 章でみたアメリカ経済のサービス化傾向を説明するフロリダ教授の「クリエイティブ産業論」を紹介し，その論理に整合的な芸術文化活用の福祉・就労支援が，第 6 章でみた分権構造と民間活用の仕組みで実施されることを検討する。

　そして，終章「アメリカ・モデルと資源制約」（渋谷博史）では，本書で検討した現在のアメリカ・モデル経済社会にとって最重要な前提条件が「20 世紀の右肩上がりの経済成長パターン」であり，それに対して 21 世紀には強い資源制約がかかるので，資源節約的で「質素な豊かな社会」を求める新しいアメリカ・モデルへの転換を予感する。

アメリカ経済の構造

第1章

労働編成と貿易構造

（渋谷 博史）

　アメリカは市場と民主主義の経済社会の先進国といわれるが，ヨーロッパ諸国や日本とかなり異なる構造である。本書の姉妹編である『世界経済とグローバル化』の序章でみるように，人口では中国やインドに続く世界3番目の人口大国であり，2000年時点において2.8億人で世界人口の4.6%を占めている（同書の図表0-2）。先進国では日本の人口が1.3億人（世界の2.1%），ヨーロッパ第1の大国であるドイツが0.8億人（世界の1.3%）であった。

　経済規模を比較すると（同書の図表0-3及び図表0-4），2000年時点でアメリカのGDPは9.8兆ドルであり，第2位の日本（4.4兆ドル）の2.2倍，第3位のドイツ（2.1兆ドル）の4.7倍であり，また2009年時点ではアメリカのGDPが14.2兆ドルとなり，第2位の日本（4.9兆ドル）の2.9倍，第3位の中国（4.9兆ドル）の2.9倍，第4位のドイツ（3.5兆ドル）の4.1倍である。

　2009年時点の国民一人当たりのGDPを比較すると（同書の図表0-4），アメリカの4.6万ドルに対して，日本が3.8万ドル，ドイツが4.2万ドル，フランスが4.3万ドル，イギリスが4.1万ドルであり，経済規模で第3位に躍進した中国は0.36万ドルである。

　すなわち，アメリカは世界第3位の人口大国であり，しかも，主要ヨーロッパ先進国や日本よりも一人当たりGDPが大きいので，アメリカの経済規模は抜群に大きいのである。もちろん，本書で詳

11

しくみるようにさまざまな光と影の部分を内包しているが，とにかく，世界経済を牽引する経済大国であることは確かである。

その経済大国アメリカを成り立たせているのは市場経済である。アメリカ人は市場経済の巨大なシステムの中で労働して，自分と家族の生活に必要な資金を稼いで，それを使って生活のための財やサービスを，市場経済から購入する。すなわち，アメリカ経済の中の労働編成に加わることで，個々のアメリカ人はアメリカ経済社会に統合されるのである。

そのアメリカ経済の構造は，1970年代から日本等のアジア諸国の製造業の国際競争力が強まる中で，サービス化が進行していたが，1990年代のグローバル化の中で，中国を軸とする東アジアの国際分業システムが「世界の工場」の役割を担うようになり，それはさらに加速した。

他方で，アメリカは1990年代以降も移民の流入等によって人口の増加はつづき，第1節でみるように，就業者も1992年に92.8百万人であったのが，2007年には120.6百万人へと，27.8百万人も増加している[1]。すなわちアメリカは製造業の国際競争力を低下させながらも，流入し続ける移民にたいして，サービス業の拡大によって就業機会を提供したので，就業者数が全体で3割も増加している。

---

1) 2008年以降は同年のリーマンショックによる影響について確定的な分析が固まっていないと判断して，1990年代からのグローバル化のプロセスにおけるアメリカ経済の構造変化の中長期的な分析を行うために2007年までを主たる検討対象とすることとした。

第 1 章 アメリカ経済の構造

1-1：労働編成と産業構造

　それでは，図表 1-1 と図表 1-2 と図表 1-3 でアメリカの労働編成について検討することから始めよう。

　第 1 に，1992-2007 年の 15 年間にアメリカの就業者は全体で92.8 百万人から 120.6 百万人へと 27.8 百万人も増加するが，その中で製造業は 18.2 百万人から 13.3 百万人へと 4.8 百万人も減少し，小売業も 19.7 百万人から 15.8 百万人へと 3.9 百万人も減少し，他方でサービス業が 30.7 百万人から 63.6 百万人へと 33.0 百万人も増加している。

　すなわち，第 2 に，それまでの第 2 位と第 3 位の製造業と小売業の減少の規模をはるかに上回る形で，第 1 位のサービス業が倍増したことで，この 15 年間における就業者数の増加 27.8 百万人が実現したのである。

　したがって第 3 に，図表 1-3 で 1992-2007 年の期間における全産業の就業者の増加 27.8 百万人に対する増加寄与率をみると，サービス業の 118.6％が際立っている。

　第 4 に，図表 1-1 にもどって雇用規模別の就業者数をみると，2007 年において全体の 120.6 百万人に対して，雇用規模 20 人未満が 30.1 百万人（25％），雇用規模 20-99 人が 35.6 百万人（30％），雇用規模 100-499 人が 30.5 百万人（25％），雇用規模 500-999 人が 8.3 百万人（7％），雇用規模 1,000 人以上が 16.2 百万人（13％）であった。すなわち，500 人未満の下位 3 階級で全体の 8 割を占めている。

　第 5 に，業種別規模別でみると，製造業の 1,000 人以上規模の減少 2.0 百万人が目立っており，また，サービス業では 20-99 人規模

13

図表 1-1　業種別・雇用規模別の就業者数

（2007 年）　　　　　　　　　　　　　　　　　　　　　　　　　　　　　（千人）

	合計	20 人未満	20–99 人	100–499 人	500–999 人	1000 人以上
全産業	120,604	30,057	35,615	30,453	8,284	16,196
農業	172	79	48	32	5	9
鉱業	701	100	195	207	90	108
建設業	7,891	2,831	2,627	1,707	362	363
製造業	13,320	1,318	3,276	5,019	1,618	2,089
運輸業	4,395	752	1,195	1,232	474	742
卸売業	5,965	1,792	2,119	1,445	318	291
小売業	15,760	5,186	5,245	5,012	245	72
金融保険業	8,773	3,210	1,984	1,664	762	1,153
サービス業	63,627	14,788	18,926	14,134	4,410	11,369

（1992 年）　　　　　　　　　　　　　　　　　　　　　　　　　　　　　（千人）

	合計	20 人未満	20–99 人	100–499 人	500–999 人	1000 人以上
全産業	92,801	25,000	27,030	22,227	6,270	12,275
農業	594	339	164	64	14	13
鉱業	651	112	181	202	77	77
建設業	4,500	2,075	1,490	665	99	171
製造業	18,162	1,526	3,909	6,347	2,336	4,044
運輸業	5,517	989	1,545	1,440	437	1,106
卸売業	6,094	2,203	2,257	1,208	223	204
小売業	19,672	7,064	8,276	3,753	352	228
金融保険業	6,906	2,221	1,828	1,433	528	895
サービス業	30,654	8428	7,370	7,114	2,203	5,538

出所：*Statistical Abstract of the United State* 各年版より作成

第1章 アメリカ経済の構造

図表 1-2　業種別・雇用規模別の就業者数の増減

（増加人数）　　　　　　　　　　　　　　　　　　　　　　　　　　　　　　　　　（千人）

	合計	20人未満	20-99人	100-499人	500-999人	1000人以上
全産業	27,803	5,057	8,585	8,226	2,014	3,921
農業	−422	−260	−116	−32	−9	−4
鉱業	50	−12	14	5	13	31
建設業	3,391	756	1,137	1,042	263	192
製造業	−4,842	−208	−633	−1,328	−718	−1,955
運輸業	−1,122	−237	−350	−208	37	−364
卸売業	−129	−411	−138	237	95	87
小売業	−3,912	−1,878	−3,031	1,259	−107	−156
金融保険業	1,867	989	156	231	234	258
サービス業	32,973	6,360	11,556	7,020	2,207	5,831

出所：図表 1-1 より算出

を中心に500人未満の下位3階級の増加が大きく，全体として，製造業や小売業からサービス業へのシフトが，同時に，規模別では小規模雇用に重心が移動することと重なっている事実がみえてくる。なお，サービス業の1,000人以上規模でも5.8百万人の増加（図表1-2）があることも見逃してならないが，後にみるように，製造業の大規模雇用に比べてサービス業の場合には非正規雇用も含めて賃金水準が低くなっている。

　すなわち，第6に図表1-1と図表1-2と図表1-3の計数的な検討から，グローバル化の中で進展したアメリカ経済のサービス化によって，小さな雇用規模へのシフトが進行し，労働者全体の賃金水準が低下する傾向が予想される。

　次に，図表1-4でサービス業の内部にたちいってみよう。なお，

15

図表 1-3　業種別・雇用規模別の就業者数の増減寄与率（1992 — 2007 年）

（増加寄与率）　　　　　　　　　　　　　　　　　　　　　　　　　　　　　　　　（%）

	合計	20 人未満	20-99 人	100-499 人	500-999 人	1,000 人以上
全産業	100.0	18.2	30.9	29.6	7.2	14.1
農業	− 1.5	− 0.9	− 0.4	− 0.1	− 0.0	− 0.0
鉱業	0.2	− 0.0	0.0	0.0	0.0	0.1
建設業	12.2	2.7	4.1	3.7	0.9	0.7
製造業	− 17.4	− 0.7	− 2.3	− 4.8	− 2.6	− 7.0
運輸業	− 4.0	− 0.9	− 1.3	− 0.7	0.1	− 1.3
卸売業	− 0.5	− 1.5	− 0.5	0.9	0.3	0.3
小売業	− 14.1	− 6.8	− 10.9	4.5	− 0.4	− 0.6
金融保険業	6.7	3.6	0.6	0.8	0.8	0.9
サービス業	118.6	22.9	41.6	25.3	7.9	21.0

出所：図表 1-2 より算出

　同図表では 2007 年におけるサービス業の就業者数が 69.2 百万人になっており，図表 1-1 における 63.6 百万人を上回っているが，その差は，情報産業がサービス業に加えられることや，教育・保健関係に政府部門の就業者が加えられていることによるものと思われる。

　第 1 に，情報産業とは IT 革命によって急成長する部門であり，専門サービスとは法律関係，会計関係等の高度のサービス業務である。他方，補助サービスとは庶務的サービス，ガードマン，掃除・ごみ処理等の低技能職である。教育・保健・社会サービスは，一部には高等教育による高技能を要する職種もあるが，後述のように低賃金で低技能の職種が多いという特徴がある。またホテル・飲食業の業種も低賃金・低技能の職種が多く，グローバル化の中で進行したアメリカ経済社会の二極分解において下方シフトする大衆を受け

第 1 章　アメリカ経済の構造

図表 1-4　サービス業の就業者（2007 年）

（千人）

サービス業	69,236
情報産業	3,566
専門及び補助サービス	15,621
専門サービス	9,208
補助的サービス	6,412
教育・保健・社会サービス	30,662
教育サービス	12,828
保健・社会サービス	17,834
病院	5,955
病院以外の保健	8,733
社会サービス	3,147
レジャー娯楽等	12,415
芸能・娯楽等	2,833
ホテル・飲食	9,582
その他サービス	6,972

出所：図表 1-1 に同じ

図表 1-5　時給水準（2007 年）

（ドル）

民間全体	17.43
鉱業	20.97
建設業	20.95
製造業	17.26
卸売業	19.59
小売業	12.75
運輸倉庫業	17.72
公益事業	27.88
情報産業	23.96
金融保険業	不明
不動産業	不明
専門サービス業	26.58
経営管理サービス	20.75
補助サービス	14.47
教育サービス	不明
保健・社会サービス	18.48
娯楽関係	14.10
ホテル・飲食サービス	9.82
その他サービス	15.42

出所：図表 1-1 に同じ

止める役割を，上記の補助サービスの業種とともに担っている。

　図表 1-5 でそれぞれの業種における平均の時給水準（2007 年）をみると，民間全体が 17.43 ドルであるのに対して，専門サービス業や経営管理サービス業はそれぞれ 26.58 ドルと 20.75 ドルと高い

図表 1-6　部門別の GDP（2007 年）

	（億ドル）	（%）
アメリカ経済全体	140,618	100.0
民間部門	123,019	87.5
農林水産業	1,447	1.0
農業	1,149	0.8
林業・水産業	298	0.2
鉱業	2,542	1.8
石油ガス	1,629	1.2
石油ガス以外	419	0.3
鉱業関連業	494	0.4
公益事業	2,488	1.8
建設業	6,572	4.7
製造業	16,989	12.1
耐久財	9,428	6.7
非耐久財	7,561	5.4
卸売業	8,133	5.8
小売業	8,861	6.3
輸送・倉庫業	4,054	2.9
情報産業	6,330	4.5
金融保険業	11,104	7.9
不動産業	17,808	12.7
専門サービス業	17,005	12.1
経営管理サービス業	2,573	1.8
補助サービス	4,145	2.9
教育・保健・社会サービス業	10,783	7.7
教育サービス業	1,373	1.0
保健・社会サービス業	9,410	6.7
芸能・娯楽・ホテル・飲食業	5,452	3.9
芸能・娯楽	1,344	1.0
ホテル・飲食業	4,108	2.9
その他サービス	3,446	2.5
政府部門	17,599	12.5
連邦政府	5,523	3.9
州・地方政府	12,076	8.6

出所：図表 1-1 に同じ

水準にあるが，補助サービスは 14.47 ドル，娯楽関係が 14.10 ドル，ホテル・飲食業が 9.82 ドルと低水準であることがわかる。

　次に，上述の労働編成に対応するアメリカの産業構造についてみておこう。ここでは，図表 1-6 で産業別の GDP を検討しよう。

　第 1 に，農林水産業や鉱業（石油・天然ガス等）や公益事業（電気・ガス事業等）や建設業や製造業という財の生産部門の比重を合計すると，全体の約 2 割である。次節でみるように，石油や工業生産物は海外からの輸入に大きく依存している。建設業の比重 4.7％は比較的大きいといえるが，工業生産物は海外から輸

第1章 アメリカ経済の構造

入できるが，建設については海外からの出稼ぎ労働は可能であって
も，建設事業そのものについては海外からの移転が困難なためであ
ろう。

第2に，サービス生産部門の中でも，卸売業や小売業や輸送倉庫
業という流通部門の比重を合計すると15.0%となり，製造業の
12.1%を上回っている。農林水産業や製造業において機械化等によ
って生産性を向上させて，生産コストを切り下げても，流通コスト
がかなりかかっていることがわかる。後述のように，中国等の新興
国からの低コストの輸入品についても，アメリカ国内における流通
コストが加えられた後に，消費者に販売されるのである。

第3に情報産業とは，同図表の原資料によれば，放送関係や出版
関係にくわえて映画・音楽や情報処理の分野もあり，1990年代か
らのIT革命の中で顕著な成長を遂げている。

第4に，金融保険業や不動産業は古くから存在する業種ではある
が，1990年代からのIT革命による金融商品の開発や，金融面にお
けるグローバル化の進展によって，大きく成長した。ただし，この
第1章の分析は，2008年のリーマンショックの直前までを対象と
しているので，それ以降は比重を減少させたと思われる。2つの業
種の比重を合計すると2割を超えており，上記の財生産部門の合計
と同規模であり，いくらサービス化が進展し，金融グローバル化に
よる国際的な資金流入によるバブルが膨張したといっても，かなり
不自然な経済構造といえよう。

さて第5に，専門サービス業から「その他」サービスまでの業種
をみよう。専門サービスでは，法律サービスや会計サービスに加え
て，近年ではIT関連サービスの分野が伸長している。経営管理サ

19

ービスとは，企業における経営管理の業務を外部に委託するものと思われる。また補助サービスとは，低技能の庶務的な業務（ガードマン，ごみ処理，掃除等）を同様に外部に委託するものである。

第6に，教育・保健・社会サービスは，前出図表1-4ではサービス業の就業者65.7百万人（情報産業を除く）の中で30.7百万人（比重47%）を占めており，専門サービスの9.2百万人（比重14%）を大きく上回っているが，図表1-6ではGDPに占める比重が7.7%しかなく，専門サービスの12.1%を大きく下回っている。ここから，技能の高い専門サービス業では付加価値が大きく，それだけ報酬も高くなり，他方，技能が低い職種が多い教育・保健・社会サービス（介護関係の職種が多い）では，付加価値が相対的に小さく，賃金水準も低くなるのであろう。同様のことは，補助サービスについてもいえるであろう。

第7に，芸能・娯楽・ホテル・飲食業はその名の示すとおりであり，本書の序章で取り上げた映画「メイド・イン・マンハッタン」にみるように，高技能のマネージャー職やシェフもいるが，総じて低技能のメイドや掃除係等が多く存在するので，低賃金の職種の分野といえよう。

以上，本節では1990年代からのグローバル化の中で，アメリカ経済がいっそうサービス化を加速させ，いわゆる「産業の空洞化」という事態に立ち至った面に焦点を当ててみてきた。

次節では，その国内の動向と表裏の関係にある国際的な側面を検討しよう。

1-2：貿易構造

2007年におけるアメリカの貿易収支は8,189億ドルの赤字である。図表1-7にみるように，1兆1640億ドルの輸出に対して，その1.7倍に当たる1兆9,828億ドルの輸入があり，その結果が輸出の7割に当たる金額の貿易赤字になっている。

さらに同図表の下半分で経常収支の構造をみると，財の貿易赤字が8,189億ドルに対して，サービス収支（海外旅行，運輸サービス，金融サービス等）は1,222億ドルの黒字，所得収支（海外投資による利子・配当金，外国への出稼ぎによる報酬等）は1,015億ドルの黒字であり，他方，送金等の純計が1,151億ドルあるので，それらの純計としての経常収支が7,103億ドルの

図表1-7　アメリカの経常収支

(億ドル)

	1992	2007
輸出	4,396	11,640
農産物	441	921
非農産物	3,956	10,718
原材料	1,017	3,155
資本財（自動車以外）	1,764	4,330
自動車	469	1,213
その他	706	2,021
輸入	5,365	19,828
石油等	516	3,467
石油以外	4,849	16,362
原材料	891	3,108
資本財（自動車以外）	1,348	4,491
自動車	915	2,585
その他	1,696	6,178
貿易収支	− 969	− 8,189
サービス収支	577	1,222
軍事面取引	− 15	− 108
旅行・運輸	200	26
その他サービス	392	1,304
財サービス収支	− 392	− 6,967
所得収支	242	1,015
所得受取	1,338	8,338
所得支払	− 1,095	− 7,323
送金等	− 366	− 1,151
経常収支	− 516	− 7,103

出所：*Economic Report of the President 2012* より作成

図表 1-8　国別貿易収支（2007）

(億ドル)

	輸出	輸入	貿易収支	貿易額
合計	11,640	19,828	−8,189	31,468
ヨーロッパ	2,889	4,145	−1,256	7,034
フランス	272	419	−147	691
ドイツ	501	948	−447	1,449
イタリア	144	353	−209	496
イギリス	511	572	−61	1,083
カナダ	2,498	3,195	−697	5,693
南アメリカ	2,439	3,513	−1,074	5,951
ブラジル	243	258	−15	501
メキシコ	1,362	2,154	−792	3,515
ベネゼエラ	102	400	−298	502
アジア太平洋	3,120	7,260	−4,140	10,380
中国	643	3,230	−2,587	3,873
インド	151	242	−92	393
日本	628	1,483	−855	2,111
韓国	359	486	−128	845
シンガポール	259	189	70	449
台湾	269	388	−120	657
中東	455	795	−339	1,250
アフリカ	238	921	−683	1,159
OPEC 諸国（再掲）	488	1,762	−1,274	2,249

出所：*Economic Report of the President 2012* より作成

赤字になっている。その経常赤字は長期及び短期の資本流入によって賄われており，その結果，アメリカの対外資産が減少したり，あるいは対外債務が増加したことになる。

　再び**図表 1-7** の上半分で輸出および輸入の内容にたちいってみると，第 1 に原材料と資本財（自動車以外）の項目では輸出と輸入がほぼバランスしているが，第 2 に赤字要因としては石油等と自動車と「その他」の項目があり，特に第 3 に貿易赤字 8,189 億ドルに対して石油等の輸入が 3,467 億ドル，「その他」の赤字が 4,157 億ドル（輸出が 2,021 億ドル，輸入が 6,178 億ドル）もあり，貿易赤字に対する比率を算出するとそれぞれ 51%と 42%になる。

　次に**図表 1-8** で，その巨額の貿易赤字がどの国を相手に発生しているのかをみよう。

　第 1 に，貿易赤字の最大の相手地域はアジア太平洋であり，特に対中国が 2,587 億ドルと際立って大きく，次いで対日本が 855 億ドルである。

　第 2 に NAFTA（北米自由貿易協定，North American Free Trade Agreement）を締結しているカナダとメキシコとの貿易赤字も大きく，それぞれ 697 億ドルと 792 億ドルである。

　しかし第 3 に，カナダやメキシコとの輸出および輸入の貿易規模は大きく，対カナダとの貿易額は 5,693 億ドル，対メキシコは 3,515 億ドルもあるので，貿易赤字の対貿易額比率を算出すると，それぞれ 12%と 23%であるが，同様の比率を対中国と対日本の同様の比率を算出すると，それぞれ 67%と 41%であった。すなわち，対中国および対日本の貿易構造は，輸入と輸出がかなりアンバランスな形となっており，そこから巨額の貿易赤字が発生しているとい

えよう。

　第4に，ドイツやイギリスのヨーロッパ地域に対する貿易赤字は
1,256億ドルであるが，貿易額7,034億ドルに対する比率を算出す
ると18%であり，対カナダや対メキシコと同様の貿易構造といえ
よう。また，最下欄の原油生産国であるOPEC（石油輸出国機構，
Organiza-tion of the Petroleum Exporting Countries）諸国との貿易構
造でも，貿易赤字の対貿易額比率を算出すると57%もあり，かな
りアンバランスなものといえる。

　以上の検討結果から，アメリカの異常なほどの貿易赤字の要因の
中で，特に中国と日本とOPEC諸国とのアンバランスな貿易構造
が注目される。OPEC諸国からの輸入は石油等であるのでわかり
やすく，ここではアジア地域の中国との貿易について検討しよう。

　先にみたようにグローバル化の中でアメリカではいっそう製造業
の空洞化が進行し，サービス部門が拡大しているが，それは，アジ
ア地域の国際分業システムに支えられた中国製品の輸入と表裏の関
係にあることは，本書の姉妹編『世界経済とグローバル化』の第2
章「貿易構造の変化：グローバル化と東アジア」（渋谷博史）で詳
しく検討している。ここではそれを要約して再録しておこう。

　図表1-9と図表1-10を使って，『通商白書（2011年版)』に依
拠しながら，中国製品の背後にある東アジア分業システムを検討し
よう。

　第1に，図表1-9で1999年における日本と中国からアメリカや
EUへの完成品の輸出をみると，日本のアメリカ向け輸出が944億
ドル，EU向けが507億ドルであり，中国のアメリカ向けが924億

第 1 章　アメリカ経済の構造

図表 1-9　東アジア各国・地域の中間財・最終財貿易動向（1999年）

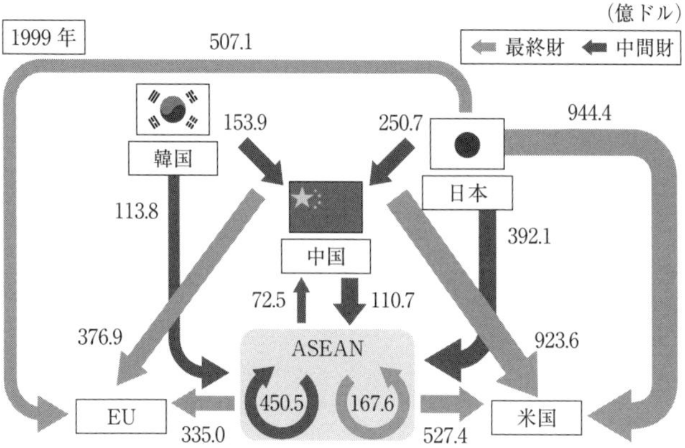

```
1999 年                507.1                      （億ドル）
                                          ← 最終財  ← 中間財

                   153.9      250.7              944.4
    韓国                          日本

    113.8                              392.1

                   中国

              72.5    110.7              923.6

    376.9          ASEAN
                450.5   167.6
    EU                                    米国
          335.0                 527.4
```

出所：『通商白書 2011』96 頁

図表 1-10　東アジア各国・地域の中間財・最終財貿易動向（2009年）

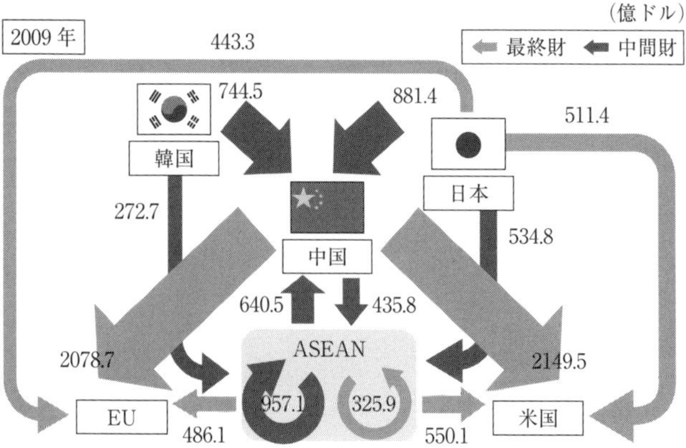

```
2009 年                443.3                      （億ドル）
                                          ← 最終財  ← 中間財

                   744.5      881.4              511.4
    韓国                          日本

    272.7                              534.8

                   中国

              640.5    435.8             2149.5

    2078.7          ASEAN
                957.1   325.9
    EU                                    米国
          486.1                 550.1
```

出所：図表 1-9 に同じ

25

ドル，EU 向けが 377 億ドルであった。図表 1-10 で 2009 年の状況をみると，日本のアメリカ向け輸出が 511 億ドル，EU 向けが 443 億ドルに減少し，他方，中国のアメリカ向けは 2,150 億ドル，EU 向けは 2,079 億ドルに大きく増加している。

第 2 に，図表 1-9 で 1999 年における日本と韓国から中国とアセアンへの中間財の輸出をみると，日本の中国向け輸出が 251 億ドル，アセアン向けが 392 億ドルであり，韓国の中国向けが 154 億ドル，アセアン向けが 114 億ドルである。次に図表 1-10 で 2009 年における動向をみると，日本の中国向け輸出が 881 億ドル，アセアン向けが 535 億ドルに増加し，特に中国向けの中間財輸出の増加が顕著である。韓国による中間財輸出も同様の傾向にある。すなわち，「メイド・イン・チャイナ」の最終財の輸出を日本や韓国からの中間財が支えている。

第 3 に，図表 1-9 で 1999 年のアセアンの動向をみると，日本と韓国と中国からの中間財の輸入はそれぞれ 392 億ドルと 114 億ドルと 111 億ドルであり，さらにアセアン諸国同士で 451 億ドルの中間財を調達している。そして，アセアンは最終財をアメリカと EU にそれぞれ 527 億ドルと 335 億ドルも輸出している。

さて第 4 に，図表 1-10 で 2009 年におけるアセアンの動向をみると，日本と韓国と中国からの中間財の輸入はそれぞれ 535 億ドルと 273 億ドルと 436 億ドルであり，さらにアセアン諸国同士で 957 億ドルの中間財を調達している。すなわち，アセアン諸国に対する中間財の投入はかなり増大している。ところが，アセアンからの対アメリカと対 EU の最終財輸出はそれぞれ 550 億ドルと 486 億ドルとさほど増加せず，むしろ，中国向けの中間財輸出が 1999 年の 73

億ドルから 2009 年の 641 億ドルに増加しているのが目立っている。

　以上の計数的な検討から『通商白書（2011 年版）』(96 頁) は以下のように結論付けている。第 1 に，「東アジア生産ネットワークは，域内における中間財」の取引を大きく拡大させ，第 2 に，かつては主にアセアンが担っていた「組立・最終財輸出」の工程について，「中国が担う部分が圧倒的に拡大」し，アセアンはむしろ中国への中間財供給の役割を拡大した。第 3 に，日本のアメリカや EU への最終財輸出が減少し，「それにとって代わるように中国への中間財輸出が増大していること」からも，「中国が東アジア域内の生産構造と，域外の需要をつなぐ」窓口になっている，というのである。

　以上みてきたように，アメリカ経済社会は工業等の第 2 次産業が減少してサービス部門が絶対的にも相対的にも増加し，労働編成では Great Middle Mass が縮小して，上方と下方に分裂するベクトルが強まって，20 世紀よりも経済格差が拡大しており，アメリカ経済の空洞化と衰退，それに対する消極的な対応とみえる面もある。しかし他方では，中国・東アジアに限らず，世界が市場化するプロセスにおいて，アメリカ国内の広く深い市場を開放して，それに向かう輸出をバネにして，途上国や新興国を市場経済に組み込み，民主化に向かわせることで，世界全体を市場と民主主義の経済社会に転換させる役割を果たすという意味で，グローバル化のエンジンとしてのアメリカの積極的な面も見出すこともできよう。

　第 2 章以降では，以上のような問題意識をもって，アメリカ経済社会の光と影の両面をみていこう。

自動車産業の衰退と大量失業問題

デトロイトの事例

（塙　武郎）

2-1：アメリカ自動車産業の衰退

　アメリカの製造業の主力分野は自動車である。それはアメリカ経済の 20 世紀的繁栄の基礎形成に最も重要な役割を果たし，今日もなおアメリカの「豊かな社会」の基盤を支える基幹産業としての地位を失ってはいない。しかし，アメリカ自動車産業の 20 世紀的な繁栄も，21 世紀初頭のグローバル化という経済的圧力の高まりの中で，大きな曲がり角にさしかかっている。

2-1-1　「ビッグ・スリー」の繁栄

　アメリカの自動車の生産力は世界最大である。なかでも，本章が事例として扱うゼネラル・モーターズ社（以下，GM と略記する）と，フォード，クライスラーの 3 社を総称した「ビッグ・スリー」の自動車生産力は強大である。そのビッグ・スリーの中でも生産台数，販売台数ともに最大なのが GM である。GM は世界最大の自動車メーカーである。

　そこで図表を使って，GM を含むアメリカ自動車産業の世界的な位置を確認しておこう。図表 2-1 は，1970 年から 2011 年までの世界の自動車生産主要国別にみた生産台数の推移を示したものである。1970 年代はアメリカが世界最大となる 828 万台を生産していた。そ

第 2 章　自動車産業の衰退と大量失業問題

図表 2-1　自動車生産台数の主要国別推移（1970-2011 年）

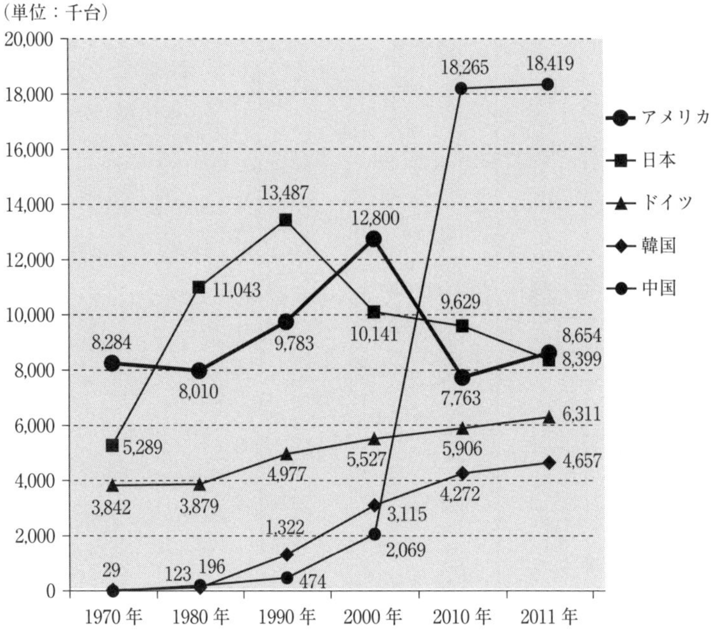

（単位：千台）

- アメリカ
- 日本
- ドイツ
- 韓国
- 中国

18,265　18,419

13,487

12,800

11,043

10,141　9,629

9,783

8,284　8,654
8,010　8,399

7,763

6,311
5,906
5,527
5,289　4,977
4,272　4,657
3,842　3,879　3,115
2,069
1,322
29　123　196　474

1970 年　1980 年　1990 年　2000 年　2010 年　2011 年

注：乗用車，小型トラック，バスの合計。
出所：Ward's Automotive Yearbook 各年版より作成

の後 1970 年代後半から 1990 年代前半にかけて日本がアメリカを上
回ったが，2000 年には再び世界最大の 1280 万台を生産した。2010
年は 2008 年のリーマンショックによる経済不況の影響を受けて 776
万台に減少したが，その翌 2011 年は若干の回復をみせ，日本と同
等規模の 865 万台を生産している。他方，中国の生産台数が 2000
年以後に飛躍的な伸びを見せているが，これは主として GM を含む
世界の主要自動車メーカーが中国に生産拠点を移転したためである。
2011 年時点の中国の自動車生産台数は 1,842 万台であり，アメリカ

図表 2-2　自動車生産台数の国別および車種別比較（2010 年）

(単位：千台)

乗用車		小型トラック・バス	
中国	13,897	アメリカ	4,865
日本	8,310	中国	1,947
ドイツ	5,552	カナダ	1,097
韓国	3,866	タイ	1,073
ブラジル	2,828	メキシコ	864
インド	2,815	日本	788
アメリカ	2,731	ブラジル	583
フランス	1,924	トルコ	459
スペイン	1,914	スペイン	437
メキシコ	1,390	インド	391
イラン	1,367	韓国	337
イギリス	1,270	フランス	262
ロシア	1,208	イタリア	235
チェコ	1,070	ドイツ	213
世界合計	58,482	世界合計	14,730

出所：『世界統計白書（2012 年版）』194 頁より作成

や日本をはるかに上回っている。

　次に図表 2-2 は，2010 年時点での世界における自動車生産台数の車種別（乗用車，小型トラック・バス）のデータである。これによると，上述した中国が乗用車部門の世界第1位（1,390 万台）であり，また小型トラック・バス部門でも2位に位置している。アメリカは乗用車部門では日本，ドイツ，韓国よりも低い第7位の273 万台である。しかし小型トラック・バス部門では群を抜いて世界第1位（487 万台）の座を有している。これは，「SUV」[1]（Sports Utility Vehicle）等の小型トラックのアメリカ国内での生産体制が維持されていることを意味しており，アメリカ自動車産業の特徴のひとつとされるものである。つまり，小型ト

---

1)　GM の高級 SUV 車の代表例として，ESCALADE，YUCON，TAHOE などがある。これらの新車の価格は日本円で 800 万円前後であり，上位ミドル層以上が購入する高級車とされている。

第2章　自動車産業の衰退と大量失業問題

図表 2-3　主要自動車メーカー別にみた新車販売台数（2011 年，2010 年）

（単位：台）

順位	自動車メーカー	国	2011 年	2010 年	前年比 2011 年/2010 年
1	GM	アメリカ	2,503,797	2,211,091	13.20%
2	フォード	アメリカ	2,143,101	1,931,534	11.00%
3	トヨタ	日本	1,644,661	1,763,595	− 6.70%
4	クライスラー（注1）	アメリカ	1,369,114	1,085,211	26.20%
5	ホンダ	日本	1,147,285	1,230,480	− 6.80%
6	日産	日本	1,042,534	908,570	14.70%
7	現代	韓国	645,691	538,228	20.00%
8	起亜	韓国	485,492	356,268	36.30%
9	フォルクスワーゲン（注2）	ドイツ	444,178	360,179	23.30%
10	BMW（注3）	ドイツ	305,935	266,269	14.90%

注：1　「フィアット」を含む。
注：2　「アウディ」「ベントレー」「ランボルギーニ」を含む。
注：3　「MINI（ミニ）」「ロールスロイス」を含む。
出所：各自動車メーカー年次報告書等をもとに作成

ラックの生産ラインはアメリカ自動車産業と雇用を支える重要な存在になっている。[2]

　さらに図表 2-3 は，2010 年および 2011 年の世界の主要自動車メーカー別の新車販売台数トップ 10 社を示している。これによれば，2011 年における GM の新車販売台数は 250 万台で，世界最大である。第 2 位がフォードの 214 万台，クライスラーは第 4 位で 137 万台となっている。ビッグ・スリーすべてがトップ 5 社にラン

---

2)　車種別の生産および販売台数の推移データは，Wards Auto（2010）が詳しい。

クインしており，それらを合計すると601万台となり，その規模は
トップ10社すべての販売台数の合計1,173万台の51.2%，つまり5
割を超えるシェアとなっている。日本勢はトヨタが第3位で164万
台，ホンダが第5位で115万台，日産が第6位で104万台となって
おり，トップ10社に3社がランクインしている。

　20世紀は「自動車の世紀」と表現できよう。アメリカは自動車
の大量生産に資源を投じて「豊かな社会」を築いた世界最大の自動
車大国である。そしてその繁栄を築く主導的な役割を担ってきたの
が，巨大企業GMなのである。

2-1-2　アメリカの地位低下と衰退

　巨大企業GMはしかし，20世紀の最後の四半世紀に曲がり角に
さしかかる。1970年代以後，とりわけて1980年代に入ると，自動
車産業を含むアメリカ製造業全体の基盤が大きく揺らぎはじめた。
その背景には，アメリカの産業構造の変化がある。1980年代以後の
いわゆる経済のサービス化，そしてIT化にともなう労働コストの
削減圧力やグローバル化の流れの中で，設備投資費を中心とする固
定的な生産コストがかさむ製造業が国際競争にさらされたのである。

　その結果，後で詳しく論じるように，GM等の自動車メーカーは，
安価な人件費を武器とするメキシコ等へ生産拠点（つまり雇用の場
としての自動車工場）を移転せざるをえず，またアジア諸国の自動
車メーカーとの国際競争力に負けたことにより衰退を余儀なくされ
た。大量の雇用を創出してきた基幹産業たる製造業の成長力は，
1980年代以後徐々に失われ，第1章で論じられたように，就業人
口も縮小した。

また1990年代以後になると，上述した国際競争力の低下に加え，グローバル化の経済的圧力の高まりが，アメリカ自動車産業をいっそう衰退させる要因となった。それは文字通り，地球規模での産業構造の再編をもたらす圧力であり，アメリカ国内の製造業全体を弱体化させた。特に自動車産業に大きく依存してきた中西部ミシガン州はその影響が最も顕著となった地域のひとつである。州最大の都市デトロイトの地域経済は悪化し，大量の失業者を出すことになった。これは後で詳しく述べることにしたい。

以上に述べたアメリカ自動車産業の衰退は，販売台数の世界シェアの縮小に現れている。図表2-4は，アメリカ，日本，ヨーロッパ諸国，韓国，中国の自動車販売台数の世界シェアを，1990年と2010年とで比較したものである。1990年時点ではアメリカの世界シェアは20％あった。日本はそれを上回る30％を有し，またヨーロッパ諸国33.9％，韓国は3.4％であった。中国は1990年時点ではまだ目立ったシェアはなかった。ところが，その20年後の2010年

図表2-4　自動車生産台数の世界シェアの変化（1990年と2010年の比較）

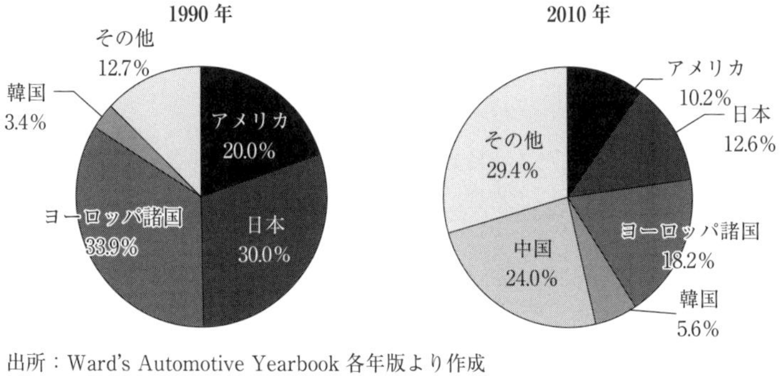

出所：Ward's Automotive Yearbook 各年版より作成

の世界シェアをみると，アメリカは 10.2 ％に半減している。日本も
30 ％から 12.6 ％に落ち込み，またヨーロッパ諸国も著しい減少をみ
ている。一方，飛躍的にシェアを伸ばしたのが中国である。1990
年時点ではシェアをもたなかった中国が，わずかこの 20 年の間に
24 ％の世界シェアを得ている。韓国もシェアを着実に伸ばしている。

　グローバル化の推進国アメリカにとって，「ビッグ・スリー」率
いる自動車産業の競争力低下や衰退は，早かれ遅かれ不可避な事象
であったといえよう。そしてその影響は，次節に論じるように
2000 年以後のアメリカに構造的不況をもたらすことになる。その
経済不況の影響を受けた典型例が GM であり，またその GM の恩
恵を受けてきたデトロイト地域経済も著しく悪化していくのである。

2-2：GM の苦難

　ミシガン州デトロイト市は世界最大の自動車産業の集積都市であ
り，GM はその中核をなす巨大企業である。しかし，その巨大さゆ
えに，1980 年代以後の構造的な経済不況による影響も大きく，苦
難を強いられている。

2-2-1　創業と成長の 20 世紀

　GM の創業は 20 世紀初頭の 1908 年である[3]。創業時の GM の本
社は現在のデトロイト市ではなく，その北西に位置するフリント市

---

3)　GM の創業者ウィリアム・デュラントは馬車の製造会社として得た巨額の富を自
　動車メーカー GM の創業資金に充てた。GM の経営史については，井上昭一（1982）
　が詳しい。

第2章　自動車産業の衰退と大量失業問題

写真①　デトロイト市のダウンタウン地区にあるGM本社

に置かれていた。その後，フリント市からデトロイト市に本社が移されたのが，1923年のことである。それから1995年までの約70年間，デトロイト市ウェストグランド通りにある巨大なオフィスビルに本社を構えた。そして1996年に同じくデトロイト市のダウンタウン地区にある通称「ルネサンスセンター」と呼ばれる再開発高層ビルに本社を移し，今日にいたっている（写真①）。

　GM創業の20世紀初頭のアメリカは，ヨーロッパおよびアジア諸国からの大量の移民労働者を受け入れ，その豊富な労働力と19世紀後半から成長を遂げた鉄鋼業を背景に工業生産額を飛躍的に伸ばしていた。自動車産業はその鉄鋼業を基礎にして1910年代の時点ですでに基幹産業へと成長した。つまり，大量の移民労働者の雇用の吸収先となったのは，自動車業と鉄鋼業を中心とする製造業であった。そこで雇われていた移民労働者の多くは単純な生産ライン

35

に配置され，低賃金で雇われていた。鉄鋼の生産拠点はペンシルバニア州ピッツバーグやオハイオ州クリーブランドに，そして自動車の生産拠点はミシガン州デトロイトにそれぞれ形成され，アメリカ製造業を牽引したのである。

1920年代に入ると，デトロイトはすでに世界最大の自動車産業の集積地となり，アメリカ経済の繁栄を象徴する「自動車の街」に成長していた。GMに関していえば，1920年代半ば以後，それまで最大シェアを有していたフォードを抜いて自動車の生産額，販売台数ともに世界最大となった（井上 1980，148頁）。その後の第2次世界大戦がもたらした戦争景気が，軍需企業としてのGMのさらなる成長を促した。[4]

戦後1950年代になると，GMを含むビッグ・スリーは寡占的な自動車市場のもとで経営の安定化と企業福祉の充実化を図るとともに，モータリゼーションを促進した（鈴木 1995，66頁）。しかしその後の1970年代から21世紀初頭の今日にかけては，前節で簡単に述べたように，アメリカ自動車産業が長期的衰退の局面を迎えることになる。

もちろん，デトロイトを拠点とする自動車産業の集積のすべてが，そうした長期的衰退によって失われたわけではない。図表2-5は，2010年のミシガン州における製造業生産額の上位10分野を示したものであるが，これによれば，ミシガン州では自動車関連分野（自動車・ボディ・大型トレーラー部品）の生産額が圧倒的に大きいことがわかる。その生産額は，第2位の繊維金属類の54億ドルの4倍

---

4) 第2次世界大戦時の軍需産業を含むアメリカ経済の運営システムについては，河村哲二（1995）が詳しい。

第 2 章　自動車産業の衰退と大量失業問題

図表 2-5　ミシガン州の製造業生産額上位 10 分野（2010 年）

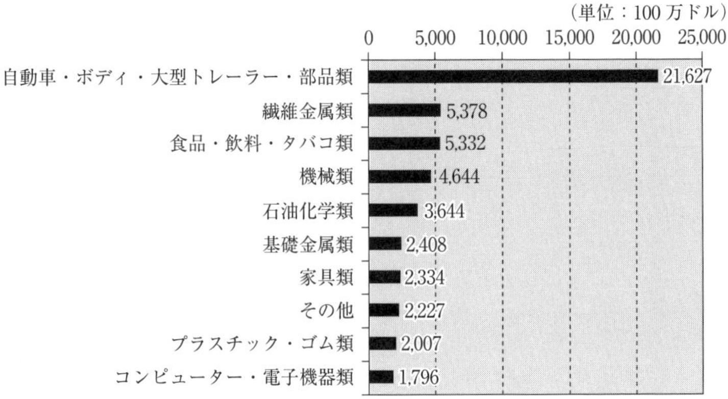

（単位：100 万ドル）

分野	生産額
自動車・ボディ・大型トレーラー・部品類	21,627
繊維金属類	5,378
食品・飲料・タバコ類	5,332
機械類	4,644
石油化学類	3,644
基礎金属類	2,408
家具類	2,334
その他	2,227
プラスチック・ゴム類	2,007
コンピューター・電子機器類	1,796

出所：U.S. Department of Commerce, Census Bureau. ウェブサイトより作成

近い規模である。

　現在デトロイトに集積する GM を中心とする自動車産業は，ミシガン州最大の産業である。その存在は衰退トレンドにありながらも，大量の雇用を創出する基幹産業であり続けていることは事実である。

2-2-2　日本勢のアメリカ進出

　GM の基本戦略のひとつは，ミドル層を主対象とした自動車の販売とその強化である。特に戦後から 1960 年代にかけてモータリゼーションと郊外化が進むことによってアメリカが「豊かな社会」の時代に入っていき（渋谷　2005），その過程で GM の販売台数も増大した。GM は戦後アメリカ全体の個人消費の拡大に大きく寄与した。

　ところが，その GM の繁栄も 1980 年代に入ると，自動車や鉄鋼

37

図表2-6 トヨタのアメリカ進出

1957年	Toyota Motor Sales. U.S.A.	販売拠点の創設
1973年	キャルティンデザインリサーチ	アメリカ輸出用車体
1977年	トヨタテクニカルセンター	アメリカ輸出用車体
1982年	Toyota Motor Credit Corporation	本格的販売拠点
1984年	NUMMI（New United Motor Munufacturing Inc)	GMとの合弁企業
1988年	TMMK（Toyota Motor Manufacturing Kentucky)	単独工場

出所：トヨタUSAウェブサイトより作成

や電機といった大量生産型の産業の国際競争力の低下が表面化した。なかでも自動車産業の国際競争力低下の影響は，それが基幹産業であったゆえに大きかった。

　GMの国際競争力低下の背景には，1960年代以後の日本，韓国を中心とするアジア諸国の急速な経済成長がある。特に自動車産業においては，トヨタ，日産，ホンダなどの日本の自動車メーカーが新鋭の製造技術の導入，あるいは燃料効率の良さを武器として，アメリカを中心とする北米市場への自動車の輸出を増大した。トヨタに関していえば，1984年カリフォルニア州にGMとの合弁会社NUMMIを建設し，本格的な現地生産に乗り出した。これによってトヨタはアメリカ国内での生産ラインを増強し，北米市場における販売台数を一気に増大した（山崎　2010，32-35頁）。

　図表2-6は，そのトヨタのアメリカ進出の主な内容を整理したものである。特に大きな動きが上述した1982年オハイオ州での本格的な現地販売のための工場建設であり，さらにその6年後の1988年南部ケンタッキー州でのトヨタ単独の生産ライン工場の建

38

第 2 章　自動車産業の衰退と大量失業問題

図表 2-7　自動車メーカー別にみた労働生産性

(単位：時間)

	1995 年	2001 年	2002 年	2003 年
GM	46.00	26.10	24.44	23.60
フォード	37.92	26.87	26.14	26.00
クライスラー	43.04	22.68	28.04	25.40
トヨタ	29.44	22.53	21.83	20.69
日産	27.36	17.92	16.83	17.30
ホンダ	30.96	19.78	22.27	20.65

注：数値は自動車 1 台を生産するためにかかった時間。
出所：Harbour（1995, 2001, 2002, 2003）より作成

設である（同上書，34 頁）。こうしたトヨタの動きは，GM を含む
「ビッグ・スリー」の販売業績を悪化させる決定的な要因となった。

　また，上述したトヨタ等のアメリカ進出は，GM を含むビッグ・
スリー各社の労働生産性の低さという問題も浮き彫りにし，そのこ
とがアメリカ自動車産業の国際競争力を低下させる大きな要因のひ
とつとなった。

　そこで図表 2-7 は，1995 年から 2003 年の労働生産性（管理職を
含めた従業員の労働時間数を，組み立てられた自動車の総数で除した数
値で，単位は「時間」。）を自動車メーカー別に比較したものである。
これによれば，1995 年では，日本勢はトヨタ 29.4 時間，日産 27.4
時間，ホンダ 31.0 時間と労働生産性が高い一方で，GM は 46.0 時
間，フォードは 37.9 時間，クライスラーは 43.0 時間と低い。2001
年以後では，ビッグ・スリー各社の労働生産性は向上しているが，
日本勢はそれ以上に向上している。2003 年におけるトヨタと GM
の比較では，トヨタは 20.7 時間に対し，GM は 23.6 時間となって

39

いる。GMの労働生産性は総じて低いのが現実である。[5]

　トヨタをはじめ日本勢のアメリカ進出に代表されるアジア諸国の経済成長は，アメリカ製造業の国際競争力を低下させただけでなく，アメリカの産業構造そのものを再編させるインパクトを有していた。換言すれば，製造業はアメリカ最大の就業人口を抱える基幹産業たるゆえに，アメリカ経済全体へのそのインパクトはより大きいものになったのである。

2-2-3　フリント工場の閉鎖

　1980年代以後，GMの国際競争力低下にともなう経営実績の悪化は，GMにとって苦難の時代への突入を意味した。経営再建が課題とされる中で，GMは創業の地フリント市にある小型トラックの生産工場の一部を閉鎖し，従業員を大規模にレイオフすることを余儀なくされた。1980年時点のフリント市の人口は15万人を数えていたが，そのうちGM関連の自動車工場従業員の3万人がレイオフされた。実にフリント市人口の5分の1に相当する規模の人々が失業した。[6]

　フリント市ダウンタウン地区からインターステイト・ハイウェイ475号線で北へ10分ほど走ると，左手に巨大な工場群が姿を現す。ただし，どの工場施設も激しく老朽化しており，ひっそりとしている。まるで廃墟のような巨大工場を左手に，もう少しハイウェイを走ると，「イースト・スチュワート・アベニュー」の出口サインが

---

5)　Harbour（2003）は，GMを含むアメリカ製造企業の工場プラントごとの労働生産性などについて詳しい分析を行っている。

6)　Hamper（1992）は，1970年代から80年代におけるGMのフリント工場での勤務経験から大量レイオフの実態を述べている。

40

第 2 章　自動車産業の衰退と大量失業問題

写真②　フリント市北部にある GM 最初の工場
2010 年，リーマンショックの影響で閉鎖

出てくる。そこでハイウェイをおりる。イースト・スチュワート・アベニューを走ると，次に「インダストリアル・アベニュー」との交差点があり，その交差点で左折すると，そこには先ほどハイウェイから見えた巨大な自動車工場群がある。

　その自動車工場の名称は，Powertrain Flint North という[7]。この工場は 1905 年に操業を開始した自動車工場であり，その敷地面積は 370km^2 と広大である。この工場は GM の主力商品「GM3800 エンジン」を生産するメイン工場のひとつであった[8]（写真②）。

　Powertrain Flint North 工場には，1950 年代半ば以来，最大 3 万人の工具が働いていたが，1980 年代前半には人件費削減を目的に

---

7)　"Powertrain" とは，自動車の生産部品のうち，エンジンを含む駆動系の部品の総称である。

8)　GM のエンジン生産については，Hardmod Carlyle Nicolao（2011）が詳しい。

41

■■■■■■■ Chap.2　コラム ■■■■■■■

日本自動車メーカーが成功した理由

　トヨタを中心とする日本の自動車メーカーが，なぜアメリカへ進出し，GM率いる「ビッグ・スリー」を脅かすほど成長を遂げることができたのであろうか。

　山崎憲（2010）は，その理由のひとつとして，日本企業の雇用管理面でのいくつかの戦略をあげている。すなわち，第1に，現地従業員に対してレイオフの権利を行使しなかったこと，第2に，生産ラインにおける職務区分を簡素化したうえで，同一の職務区分についてはほぼ同一賃金としたこと，第3に，労働組合に組織化された従業員に対しては団体交渉とはまったく別に定期的な労使協議の場を設け，ストライキ権を行使させないことを協約で結んでいたこと，である。一方，アメリカの自動車メーカーの多くは20世紀アメリカ型大量生産システム，すなわち「フォード・システム」に基づく生産ラインの職務区分の細分化を基本原則としており，かつ生産現場のほとんどが全米最強労組といわれるUAW（United Auto Workers）に組織化されてきた。これがアメリカ自動車メーカーの労働生産性を低下させる理由となった。

　一方，日本勢は，20世紀アメリカ自動車産業の強みとされてきた「フォード・システム」の影響をむしろ受けていないアメリカ人を優先雇用し，生産現場ではブルーカラーとホワイトカラーを平等に扱いながら，ストライキ権を行使しないという労使協約を締結させることによってアメリカ進出を成功させたのである。その意味で，アメリカ自動車産業の常識や価値観を乗り越えた労使関係を構築したことが，日本勢の成功の理由であり，逆にビッグ・スリーの側は，アメリカ的な常識や価値観に呪縛され，国際競争力を失ったといえる。

第2章　自動車産業の衰退と大量失業問題

メキシコ等へ工場が移転されたことにより，数千人規模のレイオフ
が数次にわたって断行された。その後も生産ラインの縮小，断続的
なレイオフが実施され，上述した GM の主力商品「GM3800 エン
ジン」の生産もリーマンショックの影響で 2008 年に停止された。
そして，そのエンジン部門以外の生産部門も 2010 年にすべて停止，
閉鎖に追い込まれたのである。

　2008 年以後の GM の経営悪化の影響は，GM だけにとどまらな
かった。GM の主力工場 Powertrain Flint North 工場は，デトロイ
ト大都市圏に集積する無数の自動車部品メーカーとの直接取引を行
ってきたが[9]，上述した工場閉鎖により，地元の自動車部品メーカー
への部品生産の発注が激減あるいは完全に停止された。その負の連
鎖は，次に論じるように，デトロイト地域経済全体を急激に悪化さ
せた。

2-3：デトロイト経済の悪化と大量失業

　GM は 21 世紀に入り，その操業以来最も深刻な局面を迎えるこ
とになる。それが，2008 年 9 月のリーマンショックの影響にとも
なう，2009 年 6 月の経営破綻である。リーマンショックの実体経
済への影響は大きく，本節で述べるように，GM に依存するデトロ
イト地域経済の基盤が大きく崩れ，大量の失業者を生みだすことに
なった。

---

9)　GM と部品メーカーとの関係は，Hardmod Carlyle Nicola（2011）が詳しい。

43

2-3-1 リーマンショックと経営破綻

1908 年創業の GM は，20 世紀アメリカ経済の繁栄の象徴と称されてきた。しかしその GM が 2009 年 6 月，連邦破産法第 11 章を適用申請，経営破綻をしたのである。

GM の経営破綻の原因は，長期的なものと，短期的なものに分けて説明できる。長期的な原因は，これまで述べてきたように，1980 年代以後顕在化した自動車産業の国際競争力低下にともなう経営悪化によるものである。人件費や企業年金等を中心とする高い生産コストを削減することができず，国際競争にさらされながらも企業体質の抜本的な改善が図られなかったことがあげられる。一方，短期的な原因は，2008 年 9 月に起きたいわゆるリーマンショックによるものであり，金融システムの破綻が GM の経営破綻を招いた。長期的な原因についてはすでに論じたので，以下では短期的な原因について論じよう。

図表 2-8 は，GM の 1991 年から 2008 年の売上高と営業利益率

図表 2-8　GM の経営実績（1991—2007 年）

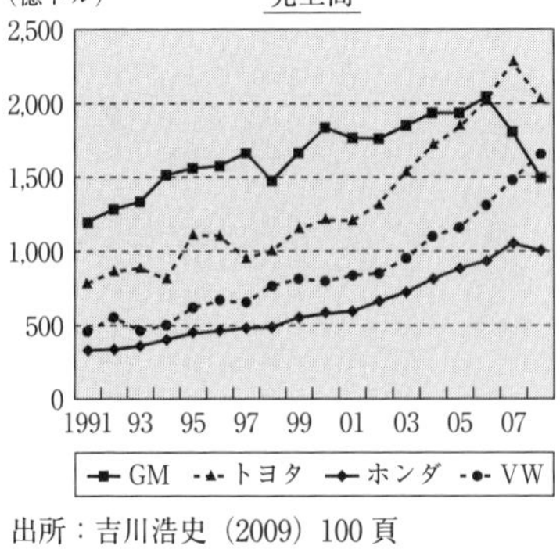

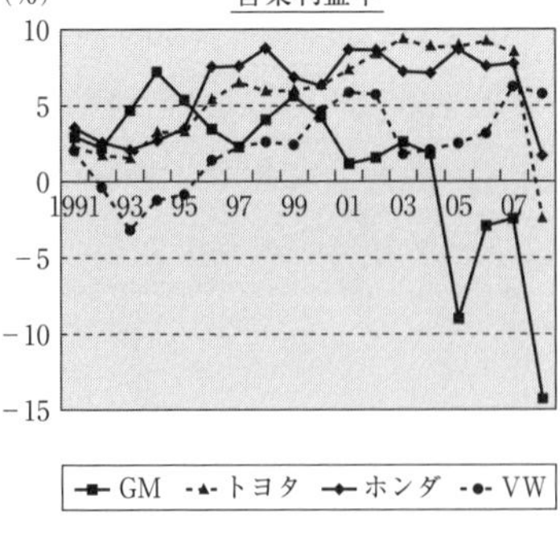

出所：吉川浩史（2009）100 頁

第 2 章 自動車産業の衰退と大量失業問題

の推移を示したものである。まず売上高では，1990 年代について
は 1998 年の一時的な減少を除けばほぼ順調に伸ばしており，2000
年に入っても 2006 年の 2,000 億ドルを超える水準までは伸ばした。
しかし 2007 年に大きく減少，その翌 2008 年はリーマンショックの
影響で 1,500 億ドルに低下した。営業利益率でみると，2004 年まで
はかろうじて営業利益率はプラスで推移していたが，2005 年以後
はマイナスになっている。[10]

　特に 2005 年以後の営業利益率の低下は著しく，これが 2009 年の
経営破綻にいたる直接的な要因とみてよい。それというのも，この
2005 年から GM は販売台数を回復するためのある重大な決断を下
したことが関係している。その決断とは，自動車メーカーとしての
商品開発や生産コスト削減といった経営努力ではなく，金融の力を
借りて販売台数を伸ばすという行動に踏み切ったことである。すな
わち，GM は全米のディーラーやローン会社との提携を交わし，借
り手のローン返済能力を裏づける職業や所得を問うことなく，小型
トラックを中心とする GM の高級車のローンを大量に組ませた。
高級車のローンを組ませた人々の中には無職や貧困層レベルも数多
く含まれていた。そして，その全米のディーラー等から集められた
大量の自動車ローンつまり借用書を，GM の金融子会社である
GMAC を通じてニューヨークのウォール街の投資銀行に売り，そ
の手数料等を得ることで GM 本社の経営を支えていた（吉川　2009,
101 頁）。つまり GM は自動車メーカーでありながら，当時ウォー
ル街で盛んに行われていた証券化ビジネスにのめり込んでいたので

────────
10) 吉川浩史（2009）は，連邦破産法第 11 章の適用申請およびその後の経営再建の
　方法について詳しく論じている。

ある。このように GM は，少なくとも 2005 年以降ウォール街と手を組み，金融の力を借りる形で販売台数を伸ばし，世界最大の自動車メーカーとしての架空の地位を保っていたことになる。

　もちろん，証券化ビジネスはウォール街の投資銀行によるハイリスク・ハイリターンの世界である。そのマネーゲームは結局，低所得者層向けの住宅ローン「サブプライム・ローン」の焦げつきによって，アメリカの金融システムを崩壊させる結果を招いた。2008 年 9 月に起きた投資銀行リーマン・ブラザーズの経営破綻，いわゆるリーマンショックである。GM は，このリーマンショックが実体経済に及ぼした影響を受けて，2009 年 6 月 1 日，連邦破産法第 11 条の適用申請を行い，100 年の経営の歴史に幕を閉じたのである。

　GM は破綻後，債権放棄やレイオフ等の経営再建のさまざまな条件を飲む形でオバマ政権による公的資金注入を受けた。そして連邦政府による国有化が行われ，GM 株式の 60％を連邦政府が保有する形となったのである（吉川　2009，107 頁）。

2-3-2　悪化する雇用状況

　リーマンショック後の GM の経営破綻は，GM 本体のレイオフはおろか，GM から部品の受注生産を大量に請け負っていた自動車部品会社にも深刻なダメージを与えた。

　デトロイトに生産拠点をおく自動車部品会社オートキャム社（AutoCam）はその典型例である。オートキャム社は，GM 等の SUV 車の重要なエンジン部品を生産する地元企業である。精密さが要求されるエンジン部品の受注生産を請け負うオートキャム社の

製造能力はGMからの高い評価を得ていた。ところが2009年1月から6月にかけてGMの業績悪化にともなってオートキャム社への受注が激減した。オートキャム社はこの半年間に従業員の半分をレイオフする事態に追い込まれた。[11]

　図表2-9は，2010年時点におけるデトロイト市，フリント市，アン・アーバー市の主要3都市の人口，人種構成，所得水準などを比較したものである。

　GMの本社があるデトロイト市の人口は71万人，世帯数が27万となっており，3都市の中で最も大きい。その大都市デトロイトの人口の82.7％は黒人であり，ミシガン州平均14.2％を大きく上回っている。ヒスパニック系の人口も6.8％と3都市の中で最も大きい。そのデトロイト市と対照的なのがアン・アーバー市であり，白人78.9％，黒人7.7％である。アン・アーバー市は名門ミシガン大学のある大学町である。

　次に高校修了者の人口比率をみると，デトロイト市が76.8％と最も低い。アン・アーバー市のそれは，英語以外の言語を使用する人口比率が70.7％と最大でありながら96.9％と最も高くなっている。大卒の人口比率も対照的である。デトロイト市は11.8％であるのに対し，アン・アーバー市は71.1％である。家計所得ではデトロイト市が28,357ドルであり，フリント市はそれよりさらに低い27,199ドルである。両市ともに州平均48,432ドルを大きく下回っており，所得水準の低さが際立っている。逆に，アン・アーバー市は52,625ドルと高い。

---

11) オートキャム社は，2009年2月2日放映のNHKスペシャル「アメリカ発世界自動車危機」で紹介されている。

図表 2-9　デトロイト市などミシガン州主要都市の概要（2010 年）

	デトロイト市	フリント市	アン・アーバー市	ミシガン州	全米
人口	713,777	102,434	113,934	9,883,640	308,745,538
世帯数	271,050	42,503	45,166	3,843,997	114,235,996
白人	10.6%	37.4%	73.00%	78.9%	78.1%
黒人	82.7%	56.6%	7.70%	14.2%	13.1%
ネイティブアメリカ人等	0.4%	0.5%	0.30%	0.6%	1.2%
アジア系	1.1%	0.5%	14.40%	2.4%	5.0%
ハワイ・太平洋諸島	na	na	na	0.0%	0.2%
ヒスパニック系	6.8%	3.9%	4.10%	4.4%	16.7%
1 年以上居住する者の人口比率	83.4%	80.2%	64.90%	85.5%	84.2%
移民（外国生まれ）の人口比率	5.1%	1.6%	17.30%	5.9%	12.7%
英語以外の言語を使用する人口比率（5 歳以上）	9.2%	3.3%	20.70%	8.9%	20.1%
高校修了者の人口比率（25 歳以上）	76.8%	80.8%	96.90%	88.0%	85.0%
大卒（学士）の人口比率（25 歳以上）	11.8%	11.6%	71.10%	25.0%	27.9%
平均通勤時間（単位：分，16 歳以上）	26.2	21.6	18.8	23.7	25.2
家屋（借家を除く）平均市場価額	$80,400	$61,200	$240,400	$144,200	$188,400
1 人当たり所得（過去 12 か月間，2010 年ドル換算）	$15,062	$14,910	$30,498	$25,135	$27,334
家計所得	$28,357	$27,199	$52,625	$48,432	$51,914
貧困レベル以下の人口比率	34.5%	36.6%	20.20%	14.8%	13.8%
企業数合計	50,588	7,057	11,444	816,972	27,092,908

出所：U.S. Department of Commerce, Census Bureau ウェブサイトより作成

第 2 章　自動車産業の衰退と大量失業問題

図表 2-10　デトロイト大都市圏の失業率，失業者数の推移

	失業率 （%）	失業者数 （人）		失業率 （%）	失業者数 （人）		失業率 （%）	失業者数 （人）
1990 年	8.2	174,267	1998 年	4.1	92,321	2006 年	7.1	155,240
1991 年	9.5	200,160	1999 年	4.4	100,749	2007 年	7.3	158,359
1992 年	9.9	211,155	2000 年	3.5	81,047	2008 年	7.5	160,782
1993 年	7.7	164,355	2001 年	4.5	102,633	2009 年	12.4	261,457
1994 年	7.2	155,171	2002 年	6.4	143,535	2010 年	15.2	316,204
1995 年	4.9	106,348	2003 年	6.8	152,576	2011 年	12.1	244,408
1996 年	4.9	107,739	2004 年	6.7	147,815			
1997 年	5.0	112,764	2005 年	7.6	168,087			

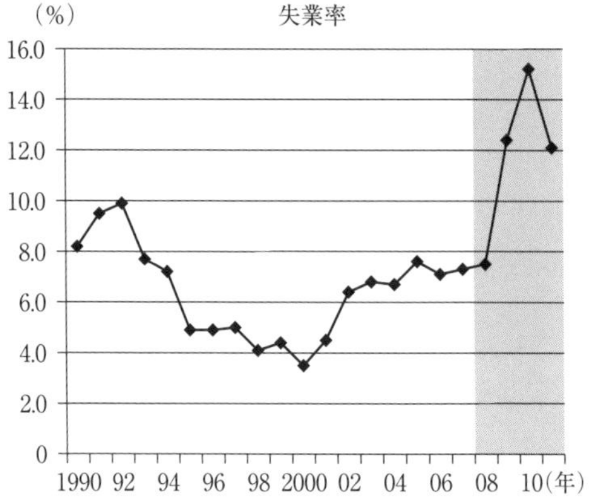

出所：U.S. Department of Labor ウェブサイトより作成

　また図表 2-10 は，1990 年から 2012 年までのデトロイト市を中心とする都市圏の失業率と失業者数の推移をみたものである。失業率では 1990 年代初頭に 10％近くまで悪化したが，1993 年以後は好景気に支えられて 5％を下回り 4％前後を推移している。さらに 2000 年には 3.5％まで改善している。

　しかし，その後リーマンショックが起きる 2008 年までデトロイ

**写真③　デトロイト市の南部に広がる黒人貧困街
廃屋が目立ち，治安が悪い**

　ト大都市圏の失業率は徐々に悪化し，再び7％代になっている。そしてリーマンショックの影響を受けた2009年にさらに悪化した。2009年は12.4％に，翌2010年には15.2％になっている[12]。その後は若干の回復をみたものの，依然として10％を上回っている。図表2-9でみたように貧しい黒人が多いデトロイト大都市圏における失業率の悪化は，人種問題や貧困という構造的な要因もさることながら，デトロイト地域経済がGMに依存する部分が大きかったことが関係している[13]（写真③）。

---

12) 労働省の統計によれば，GMが破綻した2009年9月期のデトロイト大都市圏の失業率は最悪の16％に達した。

13) 加えて，デトロイト市の失業率悪化の原因として，教育歴の低い黒人の比重が大きいこともあげられる。

2-4：自動車産業の再始動
―21世紀への展望

　21世紀のアメリカ経済の行方を展望するならば，やはり「製造業」という分野の存在なくして議論はできない。第1章で示されたように，就業人口の構成をみると，1990年代以後も，製造業の就業人口はアメリカ第2位の規模であり，その地位は基本的に維持されている。つまり製造業はアメリカの基幹産業のひとつであるというマクロ的な事実を見逃すことはできない。

　たしかに1980年代以後は，サービス業の成長が進んだことによって経済のサービス化・ソフト化が進み，産業構造の再編を余儀なくされた。しかし，その産業構造の再編過程では，それまでアメリカ最大の雇用の吸収先であった製造業が「構造的縮小」を迫られたに過ぎず，より付加価値の高いサービス業に産業再編の重心がシフトしたと論じるべきであろう。もちろん，その再編過程で促進された製造業の「構造的縮小」は，アメリカ国内から大量の雇用を奪うものとなり，GMを典型例とする生産拠点の海外移転はアメリカ経済全体の成長を阻害した。本章でみたデトロイトやフリントといった自動車産業に依存する地域経済の不況は，そうした産業構造の再編によって生じたものである。

　しかし，ここでもう一度，製造業という「ものづくり」分野の基本的性格に立ち返ってみることも必要である。すなわち，20世紀を通じてアメリカ製造業が蓄積してきた製造能力や製造技術そのものが完全に「衰退」したとは考えにくい。例えばアメリカ製造業の中でもロケットエンジンその他のハイテク技術の粋といわれる軍需

産業の技術力，具体例をあげればロッキード・マーティング社が製造する最新鋭戦闘機F35ライトニングの技術力は，アメリカ製造業の国際競争力の強さを証明している[14]。

　このような考え方に立てば，1980年代以後アメリカ製造業の「構造的縮小」の本質的原因として総括すべき点は，第1に，製造業という産業そのものの「衰退」というよりは，製造業の雇用が海外へ「移転」したことによる量的変化の結果であり，第2に，製造業全般における能力や技術の水準を高めるための人材育成がうまく機能していなかったことによる質的変化の結果であるといえる[15]。

　今後グローバル化がいっそう進展する中での人材育成という質的変化に関わる課題は，第1に，労働市場に有能な人材を安定的に供給できる強靭な学校教育システムの再構築を急務とするものであり，第2に，学校教育の枠を超えた年齢層に対する職業訓練プログラムへの投資を必要不可欠としている。教育政策という内政課題への対応のあり方が，アメリカ製造業の国際競争力を取り戻すうえで最も重要とされるのである[16]。

---

14) ロッキード・マーティン社については，ウィリアム・D. ハートゥング（2012）が詳しい。

15) 近年アメリカでは，製造業の復権には人材育成，とくに初等中等教育および高等教育における数学，理科の教育カリキュラムの強化が産業界から強く求められている。それは理科（science），技術（Technology），工学（engineering），数学（mathematics）の頭文字をとって"STEM"と称され，関連分野の教育改革，人材育成が製造業の国際競争力の向上に資すると期待されている。

16) Manufacturing Institute（2011）は，アメリカの若年労働者，とくに製造業の技術者の質的向上の手段として，「製業スキル資格制度」の導入を主張している。

IT 産業の成長と国際展開

第**3**章

（田村 太一）

　本章では，1990 年代以降の IT 産業の急成長と国際展開について検討する。IT 産業は 1990 年代以降のアメリカ経済の成長をみていくうえで重要なだけでなく，グローバル化の中のアメリカ経済を考察するうえでも重要である。

3-1 : 「ニューエコノミー」と IT 革命

3-1-1 「ニューエコノミー」と情報化投資

　1991 年 3 月から 2001 年 3 月まで，10 年に及ぶ史上最長の経済好況が続き，アメリカ経済は「ニューエコノミー」を迎えたとまで叫ばれた。この「ニューエコノミー」論議を支えたものは，第 1 に個人消費が堅調に伸び，経済を牽引したこと，第 2 に株式市場が歴史的な活況を見せたこと，第 3 に民間投資（特に，IT に関連した設備投資）が活発に行われたこと，である。まずこれらの点を確認しておこう。

　図表 3-1 は，戦後の景気拡大期における各需要項目の GDP 増加寄与率を比較したものである。「ニューエコノミー」の時期にあたる 1991-2001 年の年平均成長率は 3.4％で，過去の値（1961-69 年：4.5％，1982-90 年：3.4％）と比べると，とりわけて高い値ではない。しかし，各需要項目の GDP 増加寄与率をみれば，「個人消費支出」（77.2％）と「国内民間粗投資」（29.4％）が過去の値と比べて非常に

53

図表 3-1　景気拡大期における各需要項目の GDP 増加寄与率の比較

(単位：%)

	1961-69 年	1982-90 年	1991-01 年
実質 GDP 成長率（年平均）	4.5%	3.4%	3.4%
主要需要項目の実質 GDP 増加寄与率	100.0	100.0	100.0
個人消費支出	62.7	67.6	77.2
耐久財支出	9.6	15.9	19.1
非耐久財支出	19.5	16.6	20.3
サービス支出	33.7	35.2	37.8
国内民間粗投資	20.2	18.1	29.4
固定投資	18.2	16.1	31.8
非住宅固定投資	14.6	9.9	25.7
構築物投資	4.9	−0.2	2.4
生産者用耐久設備投資	9.8	10.1	23.3
住宅固定投資	3.5	6.2	6.1
在庫変動	2.1	2.0	−2.4
純輸出	−4.2	−4.2	−16.0
政府購入（投資と支出を含む）	21.3	18.4	9.5

注：景気循環の日付は NBER にしたがっている。
　　GDP 増加寄与率は，谷の年次からピークの年次までにおける実質増加額で算出。
出所：U.S. Dept. of Commerce, BEA, NIPA Tables より作成

高かったことがわかる。

　特に個人消費支出の GDP 増加寄与率は実に 77.2%に達したが，その背景には歴史的な株式市場の急膨張が関係していた。この時期の企業業績の回復を背景として，1990 年代初頭に 3,000 ドル台だったダウ＝ジョーンズ工業株平均は 2000 年 1 月には 11,000 ドルを上回り，3 倍以上に膨張した。こうした株式市場の急膨張が家計部門における「消費の資産効果」をもたらした。つまり，株価の上昇によって，直接・間接に所有する家計の金融資産価格が上昇し，実現・未実現のキャピタル・ゲインが増大することで，個人消費を刺激し GDP を押し上げたのである。

　これに加えて特筆すべき 1991〜2001 年の景気拡大期の特徴は設

第3章　IT産業の成長と国際展開

備投資の増大である。この時期に年平均3.6%だった個人消費支出の伸び率に対し、「国内民間粗投資」の伸び率は年平均6.5%（非住宅固定投資のそれは年平均7.4%）と、急速に拡大した。GDP増加寄与率も29.4%を占め、過去の主要な好況期の値よりも高かった。なかでも「情報処理関連機器およびソフトウェア」への投資（本章ではこれを情報化投資と呼ぼう）を含む「生産者用耐久設備投資」のGDP増加寄与率は23.3%と「国内民間粗投資」の実に8割を占め、過去の好況期の値と比べても際立っていた。これをもって、アメリカ経済の成長の鍵としてのITに注目が集まったのである。

　こうした情報化投資の担い手は、IT関連の製造業を含む製造業部門だけではなく、卸・小売業のような商業、金融サービス業、企業向けサービス業を含む第3次産業部門も含まれていた（U.S. President 2001, p.95）。「サービス経済化」が進行する中で、それら第3次産業部門の拡大が設備投資の担い手としてITの需要を作り出し、またその供給側のIT製造部門で設備投資が増大し技術革新に寄与することで、IT製造部門の成長がみられたのである。

　通信や保険、証券業では情報化投資が全設備投資額の8割を超え（米国商務省 1999, 115-116頁）、コンピュータ・ネットワークを利用している製造業の事業所は2000年までに96.5%に上った。こうして、企業活動にITを使用する産業の需要拡大がIT製造業の成長に大きく寄与することになったのである。[1]

　1990年代における情報化投資の拡大は、一方でIT関連の株価を急速に上昇させバブルを作り出したが、他方でITの過剰投資、過

---

1)　U.S. Department of Commerce, Economics and Statistics Administration and U.S. Census Bureau (2002), Table 1A, 1B, Appendix Table D より算出。

55

剰生産の結果，IT 製品や情報通信費の急激な価格低下をもたらした。IT 製品の価格低下は，IT を多く使用する産業での情報化投資をいっそう拡大させ，企業間の取引拡大を促し，さらには IT 製品の個人消費拡大を刺激した。

3-1-2　IT 革命

1990 年代に増大した情報化投資は，単なる景気拡大に大きく寄与しただけでなく，「IT 革命」と呼ばれるように，コンピュータに代表される情報技術やインターネットなどの通信技術の融合と技術革新によって，従来の経済構造や社会のあり方を大きく変えた。

第 1 に，IT の技術革新によって文字・画像・映像などがデジタル化されることで，コミュニケーションの方法や取引のあり方は大きく変化した。つまり，世界中の個人や企業，団体などは IT を使うことで，デジタル化した情報を簡単に交換・共有できるようになったのである。IT による情報の交換・共有は光ファイバーやインターネットなどの情報通信費の低下によってさらに加速され，グローバル化を推進するよう作用した。

第 2 に，IT によって企業組織の効率化が進められ，労働の内容を大きく変えた。企業は情報化投資を実施し，職場の隅々にまでパーソナル・コンピュータ（PC）を配置してそれをネットワークにつなげることで，硬直化した企業の組織構造を効率化させようとした。そのために，1980 年代から行われてきたリストラクチャリングに加え，この時期から企業の業務プロセスの全体にわたって抜本的な再構築を行うリエンジニアリングが同時に行われたのである。[2]
IT は事務労働そのものを変え，各個人の情報処理労働を増加させ

第 3 章　IT 産業の成長と国際展開

るとともに，企業内分業をいっそう進めた。こうして組織変革と業務間のネットワーク化による効率化が進められていった。

　第 3 に，IT は企業の競争条件や参入障壁を崩壊させ，新しい市場を作り出し，電子商取引（E-Commerce）を確立させた。かつては，企業規模そのものが参入障壁として機能し，それが企業の競争条件を決定付けていた。IT の登場は，こうした既存の参入障壁を崩壊させ，インターネットを使用した全く新しいビジネスや市場を作り出した。こうして，たとえ小規模の新規参入者であったとしても，電子商取引を活用して新市場を席巻するほどの存在になるなど，企業の競争条件を根底から変化させたのである。Yahoo! やAmazon.com，eBay，Google，などはその典型例であろう。

　以上のように，IT の急速な普及にともなって経済・社会が大きく変革していく，まさに IT による「革命」がアメリカ内外で展開されていったのである。

3-2：IT 産業の成長

3-2-1　IT 産業の拡大

　1990 年代以降，情報化投資の拡大を皮切りにして，IT 製造企業や IT を利用したサービスを提供する企業は急速に拡大し，IT 産業と呼べるほどに成長した。

　アメリカ商務省は「IT 産業」を，①コンピュータ・周辺機器と半

---

2)　リエンジニアリングの実施状況に関する系統的なデータは存在しないが，1996 年の Fortune 1,000 社を対象とした調査では，リエンジニアリングのプログラムを実施している企業は 81％にも上った。Edward E. Lawler III *et. al.* (1998) p.63。

導体部品を含む「コンピュータ・ハードウェア」部門，②コンピュータのソフトウェアやそれに関連するサービスを含む「ソフトウェア／コンピュータ・サービス」部門，③「通信機器」部門，④「通信サービス」部門，の４グループから構成される産業と定義している。[3]

図表3-2は，この定義によるIT産業の付加価値および就業者の変化を1990年と2000年の２時点でみたものである。ここからIT産業の拡大を確認することができる。

第１に，IT産業の付加価値の増大である。IT産業全体の名目付加価値は，1990年に3,351億ドルであったが，2000年には8,778億ドルへと増大した。物価の変動を考慮した実質付加価値でより詳細にみると，2,477億ドルから１兆1,384億ドルへと増大し，その伸びは実に4.6倍であった。特に，この時期著しい物価低下が見られた「コンピュータ・ハードウェア」部門全体の伸びは13.2倍に上り，なかでも半導体は同時期に38億ドルから1,370億ドルへと34.4倍の増大であった。こうして，経済全体に占めるIT産業の割合は，実質で3.7%から12.2%へと拡大し，アメリカ経済全体のなかで大きな位置を占めるにいたったのである。

第２は，就業者の増大である。IT産業全体の就業者数は1990年の402万人から2000年の538万人へと1.3倍に増大した。しかし，就業者の増大はIT産業を構成する４部門に等しくみられたものではなかった。すなわち，「コンピュータ・ハードウェア」部門では絶対的な就業者数の増大はみられるものの，その伸びは低いのに対

---

3) 米国商務省（1999），106頁。ここで取り上げられているIT産業は，センサス局の採用するNAICS（North American Industry Classification System）の大分類にあるものではないが，IT産業の拡大を確認する点では有益であろう。

第3章　IT産業の成長と国際展開

図表 3-2　IT 産業の拡大

	名目付加価値 （億ドル）		実質付加価値 （億ドル）		就業者数 （万人）	
	1990 年	2000 年	1990 年	2000 年	1990 年	2000 年
A．コンピュータ・ハードウェア	1,032.7	2,441.3	398.0	5,245.0	1,573.6	1,679.6
コンピュータ機器	270.9	549.7	88.0	1,451.6	278.5	301.9
コンピュータ卸売	338.4	722.1	110.0	1,907.1	294.9	298.4
半導体	158.1	680.2	37.9	1,306.8	239.6	289.2
B．ソフトウェア／コンピュータ・サービス	636.4	3,166.0	753.0	3,002.4	790.4	2,127.5
コンピュータ・プログラミング・サービス	159.0	632.6	—	580.9	150.8	540.0
パッケージ・ソフトウェア	113.2	759.6	—	780.8	112.8	260.6
コンピュータ統合システム設計	100.5	751.4	—	690.0	97.5	502.9
コンピュータ処理，データ作成	109.4	336.0	—	308.6	196.7	296.6
情報検索サービス	26.0	253.1	—	232.4	47.7	187.4
コンピュータ・メンテナンス，修理	45.6	84.9	—	78.0	39.8	47.7
C．通信機器	211.9	672.6	206.0	762.0	344.8	322.0
D．通信サービス	1,470.3	2,498.2	1,368.0	2,677.0	1,308.9	1,252.5
IT 産業総計（A～D）	3,351.4	8,778.1	2,477.0	11,384.3	4,017.7	5,381.6
経済全体に占める IT 産業の割合	5.8%	8.8%	3.7%	12.2%	4.5%	4.8%

注：産業分類が変更になったため，付加価値と就業者数の産業分類は厳密には一致しない。

出所：U.S. Dept. of Commerce, *Digital Economy 2000, 2003*, Appendix Tables より作成

　して，「ソフトウェア／コンピュータ・サービス」部門では「コンピュータ統合システム設計」や「情報検索サービス」を中心に著しい就業者の増大がみられる。

　つまり，「IT 革命」によって，一方では，IT 製造業を中心とし

て企業内でのオートメーション化が進んで労働生産性が増大した結果，事業の拡大に対して雇用はさほど増えなかったが，他方では，ソフトウェアや IT を使用したサービス業において創造性が求められオートメーション化が難しい部門で雇用が増大したのであった。こうして，IT 産業内部でも雇用における「サービス経済化」が進行していったのである。

3-2-2　垂直分裂と IT 企業の成長

このような多様な IT 産業の構成は，かつてのコンピュータ産業の構造変化の中でもたらされたものである。この点をとらえるうえで重要なのが，「垂直分裂」と呼ばれる（「垂直非統合」とも呼ばれる）現象である。垂直分裂とは，「従来一つの企業のなかで垂直統合されてきたいろいろな工程ないし機能が，複数の企業によって別々に担われるようになること」（丸川　2007, 14 頁）である。

図表 3-3 は，垂直統合から垂直分裂へと転換するコンピュータ産業の構造変化を表したものである。かつてのコンピュータ産業はコンピュータの設計から IC チップ・主要部品の製造，OS やアプリケーション・ソフトウェアの開発，製品の販売等をすべて自前で行う「垂直統合」型の巨大企業群を指していた。ところが，IC チップや半導体，OS などのソフトウェアといったコンピュータを構成する主要な部分の開発・生産にかかる初期投資が巨大化し，主要部品の技術革新が進む中で，これらすべての事業を自社内で行わずに，その一部や複数の事業を担う専門企業が登場した。つまり，これまで「垂直統合」されていた事業が徐々に分割され，別々の企業に独立し，「垂直分裂」が引き起こされたのである。

第3章　IT産業の成長と国際展開

図表 3-3　コンピュータ産業における垂直統合から垂直分裂への転換

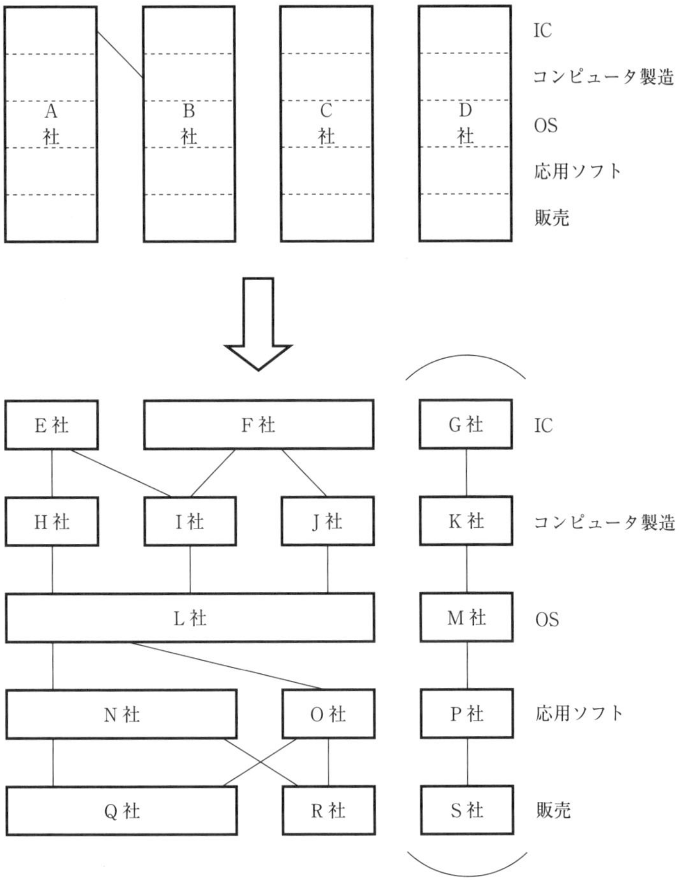

注：太線は企業の境界を示す。細線は取引関係を意味する。
出所：丸川（2007）15 頁

その結果，コンピュータ産業に参入する企業の技術的・資金的な障壁は低くなり，そこに多くの企業が相次いで参入して激しい価格競争が繰り広げられるようになった。こうして，垂直分裂は IT 企業の競争構造を根底から変化させたのである。

　この垂直統合から垂直分裂へと転換を代表的に表す事例は IBM の PC 事業への参入であり，この過程を経てグローバルな企業へと成長した Intel（IC 製造），Microsoft（OS，アプリケーション・ソフトウェア）であろう。[4]

　このように，アメリカの IT 産業は上記で確認したようなコンピュータ製造や部品製造を行うハードウェア部門からそれらを支えるソフトウェアやそれらを活用してビジネスを行うサービス業まで，多様な事業を行う集合体として編成されたのである。

3-3：IT 企業の国際展開と国際分業

3-3-1　IT 企業の国際展開

　前節でみたように，コンピュータ産業で典型的にみられた垂直分裂は，グローバル規模で IT 企業の競争構造を根底から変化させた。これによって，PC メーカーや専門企業にとっての参入障壁が低くなり，企業間競争が激しくなる中で，生産コストの極小化をねらった国際展開が進むことになったのである。

---

4)　Intel と Microsoft の製品は，PC の中核部品やソフトウェアの業界標準となり，「ウィンテル」とも呼ばれるほどコンピュータ業界全体をコントロールする存在となった。このことがまた，PC メーカーの国際分業を促進させたのである（Borrus and Zysman 1997）。

第3章　IT産業の成長と国際展開

　すでにコンピュータ産業では，労働集約工程を中心として，1970
年代から東アジア地域の発展途上国へ進出していたが，アメリカの
IT企業はさらに直接投資を拡大し，国際分業を大規模に展開して
いった。

　図表3-4でアメリカのコンピュータ・関連部品製造業の在アジ
ア子会社の動向をみておくと，1999年から2009年の10年間で，
アジア諸国・地域（香港，韓国，台湾，シンガポール，マレーシア，
フィリピン，中国，タイ，インドネシア）に立地する子会社の総資産
は507.8億ドルから968.3億ドルへと，1.9倍となっている。同じく
子会社の売上高は689.5億ドルから1,381.1億ドルへと2倍になり，

図表3-4　アメリカのコンピュータ・関連部品製造業の在アジア子会社の
　　　　　総資産，売上高，雇用数

MOFA所在国	総資産 （100万ドル）		売上高 （100万ドル）		雇用者数 （1,000人）	
	1999年	2009年	1999年	2009年	1999年	2009年
香港	2,451	5,223	4,973	6,456	10.4	7.5
韓国	1,644	5,243	1,614	5,160	6.6	15.2
台湾	2,142	4,866	3,807	6,943	16.1	14.4
シンガポール	27,231	38,794	29,550	54,875	56.9	29.9
マレーシア	7,918	10,783	13,825	17,317	81.3	61.4
フィリピン	1,967	3,595	2,808	3,740	29.8	17.0
中国	5,432	23,864	7,752	34,938	66.4	159.5
タイ	1,990	4,375	4,617	8,555	49.2	42.6
インドネシア	D	88	D	123	0.3	4.1
上記計	50,775	96,831	68,946	138,107	317	351.6

注：MOFAとは，過半数株所有在外子会社を指す。Dは，データ未公開を示す。
出所：U.S. Dept. of Commerce, *U.S. Direct Investment Abroad*, various issues より作成

雇用者数は 31.7 万人から 35.2 万人へと 1.1 倍になった。[5]

このことからわかるように，2000 年代にアメリカの IT 製造業はアジア地域への進出をさらに推し進めた。その結果，主要な IT 製品のアジア地域の生産シェアは，半導体（2004 年）では 67%，携帯電話（2005 年）では 78%，パソコン（2005 年）や HDD（2006 年）では，ほぼ 100% の生産シェアを担うまでに至ったのである（経済産業省編　2006，62 頁，同 2007，93 頁）。

こうして，積極的に海外からの直接投資を受け入れて輸出志向工業化戦略を促進してきたアジア諸国が，現在の世界の IT 生産の中心地になっている。

3-3-2　IT 企業の国際分業

グローバル規模で展開したコンピュータ産業の垂直分裂は，IT 企業の競争構造を根底から変化させ，同時に既存のビジネスの立ち位置の変更を迫ることになった。つまり，IT 企業は研究開発から部品製造，組立，販売，サービスにいたる多様な事業の中で，どの事業を社内で行い，誰にどこでどの事業を外注（アウトソーシング）させるのか，の決定を迫られることになったのである。

こうしたグローバル規模で生じた「垂直分裂」の結果，ひとつの企業がひとつの最終財を生産するのではなく，世界中の企業が最適立地で製造した中間財を集め，それを組み合わせてひとつの最終財

---

5)　これはアメリカ多国籍企業の在アジア子会社に限定した数字であって，資本関係を伴わない委託生産や技術ライセンシング契約をした現地企業の生産が増大している現在では，アメリカ企業のアジア展開の一面を見るに過ぎないことに注意しなければならない。

をつくる国際分業が構築されていった。

たとえば Apple は，iPhone や iPod のようなスマートフォンや携帯音楽プレーヤーを自社で生産するのではなく，自社の設計した部品を世界中の専門メーカーに生産委託し，最終組立も中国に立地する台湾企業の Foxconn にアウトソーシングすることで，自社の経営資源を設計・開発と販売，音楽・動画配信サービスに特化させている。それを端的に示すものが，iPhone や iPod の製品の裏側に印字 さ れ た "Designed by Apple in California　Assembled in China" の表記であろう。こうして，一方で，製造部門をアウトソーシングして，設計・開発やサービスなどの他事業に特化しようとする企業と，他方で，グローバル規模で IT 製品や部品の製造を中心に受託する EMS（Electronics Manufacturing Services）企業に分化していったのである。

また，IBM のように，IT 製造業から IT サービス業へと転換を図る企業も現われている。IBM は，1990 年代前半から製造部門のアウトソーシングを拡大させ，ついには IBM の代名詞でもあった PC 事業を 2005 年に中国の PC メーカーである Lenovo に売却した。そして IBM 自身はビジネス・サービス事業とソフトウェア事業に重点を置いてグローバル規模で IT サービス業を展開している（田村　2011）。

IBM が重点を置くようなソフトウェアやビジネス・サービス業では，他業種に比べて総コストに占める賃金コストが相対的に高い（Chap.3 コラム参照）。そのため，時差を利用した 24 時間体制の業務シフトの確立や高技能の労働力を活用できるなど条件が整えさえすれば，賃金コストを節約できるインドやフィリピン，中国などに

国境を越えて業務を移管したり委託したりするのである。

　こうしたサービス業務までもが国境を越えて調達されることをオフショアリング（offshoring of services）と呼んでいる。現在ではITの技術革新によって，オフショアリングされる業務の幅が広がって，そうしたサービス業務を積極的に受託する企業も増えており，IT企業による国際分業は多様なかたちで進行しているのである。この点については，本書姉妹編である『世界経済とグローバル化』の第3章を参照されたい。

Chap.3　コラム

在外調達の要因

　アメリカの産業連関表を用いて，産業別にコスト構造を比較することで，それぞれのコスト構造の特質と業務の在外調達が選択される基礎的な要因をみておこう。

図表3-5　製造業とビジネスサービス業のコスト構造の比較

(単位：%)

	コンピュータ・電子部品	半導体・同関連部品	自動車製造	コンピュータシステム設計サービス	後方支援サービス	その他情報サービス
総中間投入	73.4	60.1	78.3	32.0	39.4	32.9
付加価値	26.6	39.9	21.7	68.0	60.6	67.1
雇用者所得	11.2	22.5	8.7	54.0	43.0	41.6
税金	0.1	0.5	0.1	0.9	2.0	0.3
営業余剰	15.3	16.9	12.9	13.1	15.6	25.2

出所：U.S. Dept. of Commerce, Benchmark Input-Output 2002, より作成

　図表3-5は，2002年のベンチマーク産業連関表から作成した主な製造業（コンピュータ・電子部品と半導体，自動車）とビジネスサービス業のコスト構造を比較したものである。ここから，モノを生産する製造業と特定の専門サービスを提供するビジネス・サービス

第 3 章　IT 産業の成長と国際展開

業のコスト構造の特質によって，それぞれ在外調達に進む要因が異なることがわかる。

　まずコンピュータ・電子部品製造業や半導体・同関連部品製造業，自動車製造業では，コスト構造の中で総中間投入の割合が高く，付加価値部分の割合は低い。たとえば，コンピュータ・電子部品製造業の総中間投入の割合は73.4％であり，自動車製造業では78.3％にも上る。これは生産された財が多様な中間財を投入してつくられていることを意味しており，したがって，生産コストを削減しようとすれば，中間投入部分を節約するほかなく，このことが在外生産に至る有力な誘因となるのである。

　次に，ビジネスサービス業のコスト構造をみると，上記で確認した製造業に比べて総中間投入の割合が小さく，かわって付加価値部分，特に雇用者所得部分の割合が大きい。たとえば，コンピュータシステム設計サービス業では，雇用者所得の割合が54％を占め，後方支援サービス業では，43.1％を占めている。つまり，これらの産業では生産されたサービスの中で労働コストが大部分を占めることを表している。したがって，これらの産業で生産コストを削減しようとすれば，労働コスト部分を削減する必要があり，条件次第ではITを活用した在外調達（サービス業務のオフショアリング）が選択される誘因となるのである。

第4章 航空産業の規制緩和と再編

（樋口　均）

　アメリカは航空大国である。図表4-1にみられるように，アメリカの航空市場（旅客）は巨大であり，他国を圧倒している。ことに国内線が大きい。同図表には示されていないが，航空貨物でみても圧倒的であり，ここでは国内線にくらべて国際線がやや大きい。ただし，航空産業の基幹事業は旅客である。貨物は，ハイテク機器や同部品などを中心に急速に伸びて重要性をましており，国際分業の新展開を反映して興味深いが，本章ではあつかわない。

　この大きなアメリカ航空市場において，1978年以降，徹底的な規制緩和（deregulation）が行われた。それは「規制」から「競争」への経済政策の世界史的な大転換の嚆矢であり，ひとつのアメリカ・モデルの演示であったという点で，注目すべき事例である。

　本章では，第1に，アメリカの航空規制緩和はなぜ行われたのか，その背景や要因と規制緩和法の内容，第2に，その結果としての競争による航空産業の再編成はどのようなものだったか，そして第3に，規制緩和が全体として生みだした航空産業をめぐる成果と限界について考察する。[1]

---

1)　本稿は，拙稿（樋口2011）の前半部分（国内的インパクト）をもとに，図表や数値を最新のものにし，書き改め簡略にしたものである。

第 4 章　航空産業の規制緩和と再編

図表 4-1　国別定期航空輸送実績（旅客キロ）

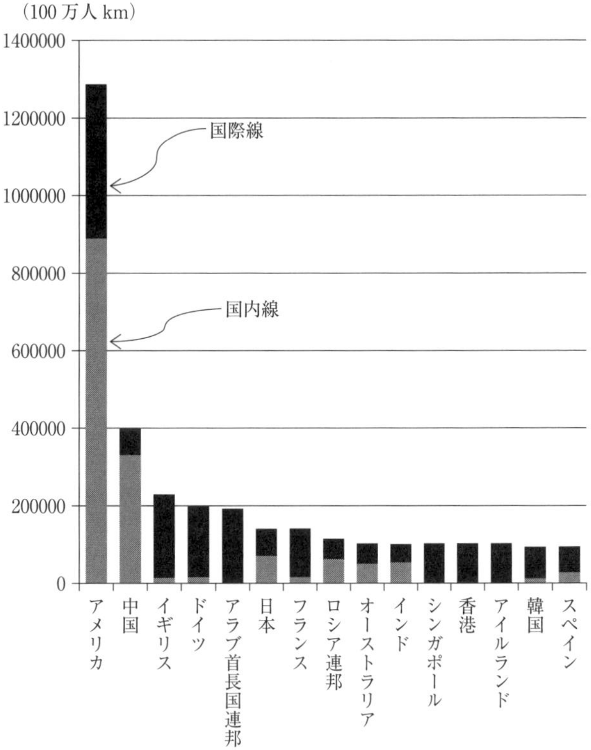

（100 万人 km）

国際線

国内線

出所：ICAO, *Annual Report of the Council*, 2011 より作成

4-1：1978 年航空規制緩和法

4-1-1　背景と要因

　規制緩和の世界的潮流の起点はアメリカであり，そのアメリカにおける発端は，航空産業の規制緩和（1978 年航空規制緩和法）であった。これを皮切りに，それがトラック，バス，鉄道，金融，エネルギー，

電気通信，環境など広汎な産業や分野へ広がっていったのである。

　それではアメリカにおいて航空規制緩和はなぜ行われたのであろうか。第1にまず，航空産業における技術進歩と航空市場の変化によって，同産業の規制システムが侵蝕され機能不全に陥ったことがある。航空産業の技術進歩には，航空管制システムなどインフラの進歩もあるが，なんといっても航空機の大型化・高性能化が注目されなければならない。ジャンボと呼ばれる広胴型（2列通路）のボーイングB747型（350～450席）がその典型であり，その初就航は1970年であった。これら広胴大型機の大量導入によって座席供給能力は飛躍的に高まった。だが，それは1970年代のスタグフレーションにともなう需要減退に直面し，搭乗率の記録的な低下をひきおこしたのである。いわば過剰生産能力の形成であった。[2]

　一方，この機材大型化は「空の大量輸送・大衆化時代」を現出した。能力過剰と大衆化は運賃引下げ圧力を高める。「特割」など割引運賃の認可や割安なチャーター便（不定期便）の自由化が始まり，規制体制の侵蝕が進んだ。

　当時の規制当局は，1938年民間航空法によって設立されたCAB（民間航空委員会）であったが，その規制は，州際（interstate）航空会社の運賃，参入，退出，合併・買収，補助金について，競争制限的・産業保護的に行われてきていた。[3] その規制はきわめて硬直的であったが，[4] 70年代央には，こうして事実上の規制緩和が始まった

---

　2)　過剰生産能力は，規制下の「競争」の持続的な特徴であった。運賃や市場参入の自由の欠如のもとで，競争はサービスの質と量をめぐるものとなり，能力増強競争（新鋭機材導入）や便数拡大競争が展開されたからである。過剰な機内サービス競争も生じた。「能力戦争」から「ラウンジ戦争」への「『歪んだ』競争」である（Vietor 1994）。

のである。

第2に，こうした中で「規制緩和の理論やイデオロギー」が台頭したことである。さまざまな実証研究が，規制体制の非効率性をあきらかにした。規制されていない州内（intrastate）航空会社（カリフォルニアやテキサス）が，CABに規制された州際航空会社よりも効率的である，また，航空産業には大きな「規模の経済」や参入障壁はない，などである。こうした「理論やイデオロギー」によって，航空市場の現実が定義され，それが1975年のエドワード・ケネディ上院議員のリードした航空規制についての一連の議会公聴会などをつうじ，国民に膾炙していったのである。だが，現実の変化，それを定義する理論やイデオロギーのみでは，制度変化は生じない。さらに政治が必要である。

すなわち第3に，スタグフレーションのもとで規制緩和という政策が政治的に有効な政策になったことである。スタグフレーション（インフレと不況の共存）は，需要面の操作を手段とするケインズ的政策では対処が困難な現象であった。一方，産業の規制緩和は競争を促進し産業の効率化を推進して，コスト，そして価格をひき下げる効果をもつ。また財政支出を増やさず，そうした政策目的を達成できる。そういう政策が，つまり規制緩和が，フォード政権（1974 –77年）やカーター政権（1977–81年）のもとで，インフレ抑制（物価の引下げ）と経済の刺激を同時に達成するものとして，ケインズ

---

3) CABの規制は，便数や能力には及んでいなかった。そこで航空会社は一度路線が認可されると，競争のため便数と座席数を増やしたが，それは平均搭乗率の低下に帰結した（Goetz and Vowles 2009）。

4) 例えば，CABは1950–74年に79件の国内線路線認可申請を受けたが，1件も認可していない（Goetz and Dempsey 1989）。

的政策にかわって，政治的に脚光を浴び採用されるところとなったのであった。

ところで，こうした航空規制緩和への動きに対して，規制を支持してきた「鉄の三角形」（航空会社，議会，CAB）は，いかに崩れたのであろうか。航空会社など特殊利害に「奪取された」とみなされていた規制当局（CAB）は，さきにみたように，事実上規制緩和へ転換していた。議会も，ケネディ公聴会が，この規制の失敗をあきらかにしていく中で，規制緩和派が多数派となった。

航空業界は，競争の脅威に直面し当初反対であったが，幹線各社が規制下で相互に政治的ライバルとなっていたことなどもあり，協調して規制緩和に反対する組織的力を欠いていた。一方，航空労働者は，航空パイロット協会，整備士組合，鉄道・航空職員組合，航空機関士協会，運輸労働者組合などをつうじ，統一して頑強に規制緩和に反対した。競争の促進は賃金，諸給付，労働条件に不可避的に圧力をくわえるし，雇用保障を脅かすからである。公益の観点からも反対論が展開された。規制緩和は，航空の安全，航空産業の財務，安定的な航空輸送システム，公共サービスを脅かす，と。しかし，こうした労働者の反対の声は，規制緩和への奔流に呑み込まれていったのである。

---

5) 特殊利害による規制の支配ということ，いいかえれば誰が規制者を規制しているのかということがたえず問題にされていた（Goetz and Vowles 2009）。

6) 規制下における労使関係は全般的に良好であった。なぜなら，CAB の運賃設定によって航空会社は労働コストの増加分を旅客に転嫁できたからである（GAO 2006）。

第 4 章　航空産業の規制緩和と再編

4-1-2 規制緩和法の内容

　1978 年航空規制緩和法の目的は，運賃引下げとサービス向上という公益の実現に向けて「競争的市場諸力への最大限の依存」を行うこと，すなわち「競争」による「公益」の実現である。これは産業保護的政策から競争促進的政策への大転換を意味した。

　CAB の規制は移行期間（1978-82 年）をへて廃止，CAB という組織自体も 1985 年 1 月 1 日に廃止された。具体的には，①参入規制の段階的撤廃（1981 年末完全廃止），②運賃認可権限の段階的縮小（1982 年末完全自由化），③国際線会社の国内線参入の認可，④地方生活路線補助制度の導入，⑥従業員保護制度の導入，⑤ CAB 廃止後の規制（国際線，合併，生活路線補助制度）の運輸省への移管，などが規定された。いいかえれば「適性や意欲や能力がある」航空会社であれば，運賃・参入・退出の自由が与えられることになったのである。なお，安全規制が連邦航空局（FAA）の管轄であることに変わりはない。

　CAB 廃止後，合併・買収についての権限は運輸省に（1985-89 年），最終的に司法省の反トラスト部に移管された。規制緩和以降ほとんどの合併申請は認められてきている[7]。

　競争促進がひきおこしうる負のインパクトに対して，2 つの制度の導入が盛り込まれた。生活路線補助制度と従業員保護制度である。

---

7)　「自由の憲章」ともよばれるアメリカの反トラスト法（独占禁止法）は，1970 年代央から徐々に緩和されてきた。自由貿易から保護主義への転換のなかで，国際競争力を強化しようとの狙いである。さまざまな産業分野で外国に優位を保てなくなると，国際競争力の増進という観点から，経済的効率性が強調されるようになり，合併も経済の効率性を高めるかぎりで認めようとする考え方が台頭したのである（長谷川 1991 年）。

73

前者は，規制緩和によって航空会社が儲かる幹線へ資源を集中する結果，悪影響を受ける可能性のある周辺部に対して，連邦政府が補助金などにより生活路線を確保する制度である。後者は，競争促進が生みだす航空会社の破産や整理縮小などによって雇用喪失や賃金低下をこうむる労働者に補償をする制度である。しかし，この制度は，労働省の取り組みの遅れや航空会社の反対もあって機能せず，1998年に廃棄された。

4-2：航空産業の再編と航空市場の変化

4-2-1 航空産業の再編

規制緩和の結果，航空産業の競争が促進され，新規参入，合併・買収，破産があいついで，産業再編成が大規模に進展した。そしてその中からビジネスモデルの異なる2つのタイプの航空会社が出現した。ひとつは，格安航空会社（LCC：low cost carriers），いまひとつは規制緩和前に幹線航空会社であったメジャー（major or network carriers）ないしレガシー（legacy carriers）である。

1978年当時アメリカには定期航空会社として，11の幹線会社（American, Braniff, Continental, Delta, Eastern, National, Northwest, Pan Am, TWA, United, Western），8の比較的大きな地域的な地方サービス会社（Allegheny, Frontier, Hughes, North Central, Ozark, Piedmont, Southern, Texas International），その他多くの地域会社（commuter etc.）があった。同年の旅客マイルでみたトップ20社をみると図表4-2のごとくである。

これが30年後の2009年には同表のように，規制緩和下における

第4章　航空産業の規制緩和と再編

図表4-2　アメリカ航空会社トップ20の旅客マイルとシェア

	1978	億マイル	シェア		2009	億マイル	シェア
1	United	394	17.4	1	Delta	1,628	21.2
2	American	290	12.8	2	American	1,224	15.9
3	TWA	270	11.9	3	United	1,003	13.0
4	Eastern	251	11.1	4	Continental	777	10.1
5	Delta	233	10.3	5	Southwest	745	9.7
6	Pan Am	211	9.3	6	US Airways	579	7.5
7	Western	102	4.5	7	JetBlue	259	3.4
8	Braniff	96	4.2	8	AirTran	185	2.4
9	Continental	86	3.8	9	Alaska	183	2.4
10	National	79	3.5	10	Skywest	117	1.5
11	Northwest	70		11	Frontier	89	
12	Allegheny	41		12	Hawaian	81	
13	Hughes Airwest	25		13	Express Jet	80	
14	Frontier	24		14	American Egle	71	
15	North Central	17		15	Spirit	59	
16	Texas International	16		16	Atlantic Southwest	58	
17	Ozark	15		17	Republic	55	
18	Piedmont	14		18	Virgin America	54	
19	Southern	13		19	Mesa	48	
20	Alaska	8		20	Pinnacle	46	
上位10社			88.8				87.1
上位5社			63.5				69.9

出所：ATA, *Air Transport* 1979 and ATA, *2010 Economic Report.*

産業再編成をへて，旧幹線11社で生き残っているのはAmerican,
Continental, Delta, Unitedの4社となり，2010年にはUnitedと
Continentalの経営統合によって，Continentalも消えて，メジャー

はメガ・キャリアとも呼ばれる3社となった。戦後アメリカを代表する航空会社であった国際線中心のPan AmやTWAを始め，多くのメジャーが消滅したのである。一方，SouthwestやJetBlueなど格安航空会社（LCC）の台頭が著しい。

　この間の産業再編成の過程について，5期に時期区分し[8]，簡単にみておこう。

　まず規制緩和直後の第1期（1978-83年「新規参入航空会社の出現—I」）では，旧幹線会社の市場シェアが，旧地方サービス会社や州内会社（Air California, Air Florida, Pacific Southwest, Southwestなど）やチャーター会社（ATA, Capitol, Worldなど）や新設航空会社（America West, Jet America, Midway, Midwest Express, Muse, New York Air, PEOPLExpressなど）の参入によって，87%から75%に低下した。この時期は第2次石油危機を挟んだ時期であり，メジャーの経営は悪化したが，新規参入会社は，景気後退の中で高コスト体質の大手が過剰能力削減のため排出した中古機やレイオフされた余剰パイロットを低廉に調達し大手との競争を展開した。

　第2期（1983-93年「メジャーの反撃—合併・買収と集中」）は，83年以降の好況期から90年代初めの景気後退期に至る時期であるが，メジャーが合併・買収・破産をつうじ集中と市場シェアを高めた。Braniff, Eastern, Pan Amが消滅し，WesternがDeltaに吸収され，残ったトップ10社の市場シェアは1991年に97%になった。国内線メジャーのUnitedやDeltaはPan Amから国際線を購入し，国際線に進出する。American, Continental, Delta, Northwest, Unitedは，ハブ空港の搭乗口や離着陸枠を支配し，ハブ＆スポークと呼

---

8)　この時期区分はGoetz and Vowles（2009）による。また塩見（2006）も参照した。

ばれるネットワーク・システムを強化した。

第3期（1993-96年「新規参入会社の出現―II」）と第4期（1996-2000年「メジャーの対応」）は1990年代であるが，Frontier, JetBlue, Kiwi, Midway, Reno, Spirit, Value/AirTran, Vanguard, Western Pacific など新規会社が参入し，Southwest, America West, ATA, Midwest Express などLCCの持続的成長ともあいまって，競争が激化した。しかし，メジャーは1990年代末にかけての「ニューエコノミー」（ITブーム）による需要増によって持ちこたえていた。

第5期（2000年以降「LCCの躍進と『レガシー』の衰退」）は，航空産業にとって「完全な嵐」の時期であった。まず2001年9月11日の同時多発テロ，さらに同年アフガニスタン侵攻，2002-2003年には感染病SARSの流行，2003年にはイラク戦争の開始，そして2004年以降の石油価格高騰，2008年の世界金融危機と，航空産業に大打撃を与える事態が連続した。これによってアメリカ航空会社は全体として2001年以降2005年まで大幅赤字となり，2006-07年に黒字化するが，2008年には再び大幅赤字に転落した。

こうしたなかで，「レガシー」と呼ばれるようになったメジャーでは，破産や合併・買収が相いだ。2002年にはUS Airways と United が連邦破産法第11条（更生型）の適用を申請（前者は2003年に再建，後者は2006年に再建），2005年にはDelta と Northwest が同申請（両社とも2007年再建）した。また2001年にTWAがAmerican に買収され，2005年にはUS Airways が America West と合併し，2008年にはDelta が Northwest と，2010年にはUnited が Continental と合併した。レガシーは，パイロット報酬をはじめ労働コストが高かった。破産申請（更生型）は，労働契約を無効に

し，確定給付年金プランを止めることを可能にするものであり，労働コストを削減し再生する手段であった。一方，Southwest やJetBlue などの LCC は，この厳しい時期にも高収益を維持し，その他の生き残り LCC も大手ほど打撃を受けなかった。LCC の市場シェアは 1998 年の 25%から 2006 年には 33%へ上昇した。

4-2-2　2つのビジネスモデルの出現——LCC と FSC

以上，ごく簡単に規制緩和以降の産業再編成の動向についてみてきたが，その結果は LCC の台頭とこれに対するメジャーないしレガシーの反撃という展開であり，性格の異なる2つのビジネスモデルの対抗の構図であった。そこで簡単に両モデルの特徴についてまとめておこう。

LCC の原型モデルは，Southwest であるが，コストの徹底的な削減のため，おおよそ次のようなポリシーをもつ。①労働面では，低賃金で組合なし，最小の客室乗務員，従業員の可変的業務（FA が客室清掃も行うなど），②機内サービス面では，エコノミー・クラスのみ，余分なサービスなし（no-frills），飲食有料化，座席指定なし（搭乗の迅速化），③運航面では，単一機材（中小型の B737 型や A320 型）と高稼働率（機材の空港滞在時間の圧縮），中短距離2地点間運航，接続なし，周辺空港の使用，④運賃等の面では，シンプルな運賃構造と価格戦略，インターネット予約，電子チケットなどである。フルサービス航空会社（FSC）のメジャーに対して，LCC はノーフリルサービスであり，単純簡素化されたビジネスモデルである。

メジャーは，①ハブ＆スポーク（運航効率を上げるため大都市のハブ空港への小都市間需要の集約，広域ネットワークの形成による集客

力拡大，国際線出入口としてのハブと国内線とのリンク），②顧客囲込プログラム（FFP）（搭乗距離数に応じた利益還元やラウンジ利用などもふくめ，特にビジネス客の囲い込みをはかる）などの戦略で対抗した。ハブ空港支配は多くの路線と多種の機材をもつ大手に有利であるが，ハブ支配に要する直接間接のコストが高いことや需要変動に対応して複雑な機材編成が必要なこと，またIT技術の進歩によりコンピュータ予約システムの優位性が失われたことなどによって，大手苦戦となる（塩見　2006など）。

4-2-3　市場の変化

　市場構造にも一定の変化が生じた。規制緩和法の制定時，議会は「反トラスト政策の精力的な執行が，競争の自由が確保され，市場が健全に作動するための規律である」とし，略奪的行動や市場の集中を防がなければならないとしていた（Goetz 2002）。市場支配や独占をどう定義するかは問題であるが，旅客マイル（Revenue Passenger Miles）上位10社と上位5社のシェアでみた市場集中度をみると，1978年にそれぞれ88.8，63.5％だったのが，規制緩和後低下し1985年79.9，53.8％，しかしその後上昇し，2000年96.6，74.4％となる。「完全な嵐」の2000年代には低下し2010年86.3，74.3である。上位5社は大型合併により高い集中度を維持している。

　路線レベルや空港レベルの集中度や運賃の動向も考慮しなければならないが，航空産業はもともと寡占的であって，規制緩和によってむしろ競争的になり，運賃もすぐあとでみるように低下してきた。また合併・買収が大手でも繰り返されており，安定した寡占体制が形成されているとはいえない。また，さきにふれたように，反トラ

スト規制は行われていない。ただし，それは，対外的に航空市場自由化をもとめるオープンスカイ政策の展開とあいまって，産業効率化や国際競争力の増進という観点によるところが大きい。

4-3：規制緩和の成果と限界

4-3-1　成果

　さて，規制緩和は，競争を促進することによって，上記の大規模な産業再編成をひきおこしたのであるが，所期の目的である運賃の低下やサービスの向上，すなわち公益は実現したのであろうか。一般に規制緩和の成果としてあげられるのは，すべてがその成果とばかりはいえないが，①運賃の低下，②便数の増大，③旅客数の増大，④事故の減少である。

　まず，運賃は，国内線の平均運賃（インフレ調整価格）でみて，ほぼ一貫して顕著に下落してきた（1993 年以降は図表 4-3）。2000 年代中頃以降石油価格高騰によりやや上昇している。便数（定期）は，1978 年の約 500 万便から変動はあるが 2010 年には約 1,009 万便へと 2 倍に増大した。旅客数は 1978 年の約 2 億 7,000 万人から 2010 年には 7 億 2,000 万人へと 2.7 倍になった。空の大衆化である。安全面では，整備・点検コスト節減のため安全性が損なわれるのではないかとの懸念があったが，10 万便当たりの死亡事故率は顕著に低下した。これには航空機や航空管制システムなど技術進歩の効果も大きい。

第4章　航空産業の規制緩和と再編

図表 4-3　平均運賃（片道）の推移

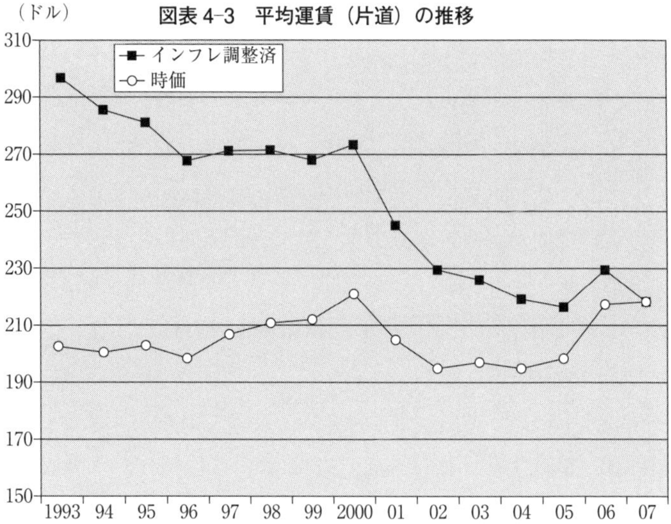

（ドル）

■ インフレ調整済
○ 時価

出所：Goetz and Vowles（2009）p. 257.

4-3-2　限界

だが，規制緩和にはさまざまな負の側面があり限界があった。負の側面として，①航空会社の経営財務の不安定化，②雇用の不安定化や労働条件の悪化，③小コミュニティにおける便数減と運賃上昇，④連邦政府の救済出動，などがある。

第1に，経営財務の不安定化である。すでにみたように，航空会社は，合併・買収や破産を繰り返してきたが，それはたんに競争の激化によるというだけではない。航空会社固有の収益不安定性にもよるのである。航空需要の特性は，景気循環に敏感に反応すること（ことに旅客単価の高いビジネス・クラス）やさまざまな事件（戦争やテロや伝染病など）に大きく影響されることである。一方供給の特性は，需要減少に対して敏速な縮小が困難なことである。航空機は

高額な耐久資本財である（B777 型は 1 機 200 億円前後）。運航スケジュールを短期に減じることや機材編成を急に変えることは困難である。数ヵ月先の予約の存在もある。また航空労働者は，パイロット，フライト・アテンダント，整備士，地上職など職種ごとに組織化されており，その抵抗によって雇用コストを急に削減できない。これらの供給特性が，需要が減少する際，過剰能力を生む。このほか石油価格高騰など外的ショックを受けやすい。実際，さきにみたように，ことに 2000 年代にこうした需給両面の特性が顕在化し，レガシーは，機材投資にともなう資本コストや手厚い企業年金プランの存在ともあいまって，経営危機に陥ったのであった。また，合併は労働者，組織文化，機材編成，IT システムの統合が重大な課題となるが，これが容易ではない。

　第 2 に，航空会社の経営危機や合併・買収や破産，また LCC の台頭は，航空労働者の雇用の不安定や労働条件の悪化をもたらした。航空労働者は，1978 年の約 33 万人から 2000 年 67 万人に倍増したが，その後減少をつづけて 2010 年 51 万人となった。労働争議も多発したが，「生き残り交渉」をつうじ，労働側は譲歩を余儀なくされた。職務複数化やパート採用による労働のフレキシブル化，生産性の引上げ，付加給付の削減，報酬の全般的な引下げが行われた。レガシーの破産申請（更生型）が，労働コスト削減を目的としたものであったことについてはすでにふれた。

　第 3 に，同じく規制緩和法制定時に危惧された小コミュニティの航空路線への悪影響も現実のものとなった。多くの小コミュニティが高運賃やサービスの質と量の低下に見舞われた。さきにふれたように，この問題に対処するための生活路線補助制度によって，運輸

省は，多くのコミュニティに補助を行っている。

第4に，こうした新たな規制と補助金にみられるように，連邦政府は，航空産業にさまざまな支援ないし救済策をとらざるをえない。すでにふれたように，各社の破産申請（更生型）は，積立不足になっていた企業確定給付年金プランを止めるためでもあり，その年金債務は連邦年金給付保証公社（PBGC）がひき受ける。2000年代に入って，この公社の財政は悪化し債務超過の状態に陥ったが，その最大の原因は，航空産業の破産による年金債務の転嫁であった。さらに連邦政府は，2001年の9.11同時多発テロによる航空産業の苦境に対して，直接援助や融資保証を行った。

＊　　　＊　　　＊　　　＊　　　＊

アメリカは，国際的には，上にみた国内航空市場の規制緩和の成果と，メジャー航空会社の要求をもとに，規制緩和をもとめるオープンスカイ政策を展開し，世界の航空市場に大きなインパクトを与えてきている。[9)10)]政策やビジネスモデル，いいかえればアメリカ・モデルの世界的普及である。

---

9)　この点については，さしあたり樋口（2011）の後半部分（国際的インパクト）を参照されたい。

10)　ただし，国内規制緩和をふまえたオープンスカイといっても，アメリカ自身が，二国間協定の国籍条項（アメリカ航空会社の議決権株式の75％は同国市民の所有支配でなければならない）やカボタージュ禁止（外国航空会社による国内線区間輸送の禁止）によって，外資や外国航空会社に対する規制を主に国防上の観点から維持しており，これを前提としたものであることに注意しておかなければならない。

第5章 アメリカ金融システムの新たな展開

（三谷　進）

　本章では，アメリカ経済において重要な役割を果たしてきた金融システムの機能と役割が，歴史的にどのように変化してきたのかということについてみていくことにしたい。

　アメリカの金融システムは，第2次世界大戦以降，その資金仲介の仕組みを次第に変化させながら，アメリカ経済の発展において重要な役割を果たしてきた。特に，1990年代以降のアメリカの「金融産業」の発展は著しく，金融市場を活用したさまざまな資金仲介ルートを拡充させながら，アメリカ国内のみならず，国際金融市場における投融資活動を通じて，世界経済全体に対して強い影響力を与えて続けてきた。

　本章では，このようなアメリカの金融システムや金融市場の動向について紹介しながら，最近のサブプライム金融危機の発生の原因と，それが現在のアメリカの金融システムに対してどのような影響をもたらしているのかということについて概観していきたい。

　そこで，まず，第1節において，アメリカの金融システムのこれまでの歴史的な変化を概観し，その基本的な特徴を説明していく。次に第2節では，2007年に発生したサブプライム金融危機の原因を探りながら，それがアメリカの金融システムとそこで活動する金融業のあり方にどのような影響を与えてきたのかということを概観する。最後に，第3節では，2010年に成立した金融規制改革法（ドッ

第 5 章　アメリカ金融システムの新たな展開

ド・フランク法）の内容を紹介し，その新しい金融規制がアメリカ
の金融システムにどのような影響を与え，今後のアメリカの金融業
のあり方にどのような変化をもたらしていくのかを考えていきたい。

5-1：アメリカ金融システムの歴史的な概観

　アメリカの金融システムについて考える場合，これまでの歴史的
な発展を長期的な視点でみていくと理解しやすい[1]。それは基本的に
は，4つの時代に区分することができる。

　まずはじめに，1776 年に合衆国が形成され，金融機関に対する
規制が，それぞれの州で行われていた原初的な金融規制の時代であ
る（なお，初期のアメリカ金融システムの特徴については，コラム 5-1
を参照されたい）。

━━━ Chap.5　コラム① ━━━

アメリカ金融システムの特殊性

　20 世紀後半から現在に至るまで，アメリカは世界の金融の中心
として位置づけられてきたが，その国内の金融システムをみてみる
と，「グローバル・スタンダード」とは，到底，呼ぶことのできな
いアメリカ独特の文化，歴史，地理的条件などを反映した仕組みと
なっている。

　このことは，世界各国の金融システムについても同様にいえるこ
とではあるが，現代では，金融の国際化やグローバル化が強調され
る一方で，各国の金融システムのあり方は，それぞれの国の国民性

---

1)　アメリカの金融システムの歴史については，西川純子・松井和夫（1989），国際
　銀行史研究会編（2012）等を参照されたい。

や文化・政治状況を強く反映したものとなっている。

　例えば，アメリカの金融システムの場合，連邦政府が管轄する「国法銀行」と，州政府が管轄する「州法銀行」が存在し，金融システムの監督体制そのものが二元化してきた。このようなシステムを「二元銀行制度（あるいは二重銀行制度）」と呼び，アメリカの金融システムの重要な特徴として考えられてきた。

　また，その他にも，日本などでは，銀行にたくさんの支店があるのが当たり前であるが，19世紀から20世紀前半のアメリカでは，銀行は支店をもつことができず，ひとつの銀行は，単一店舗でしか営業できないという「単一銀行制度」や，銀行の所在している州外では営業をしてはならないという「州際業務規制」などが存在していた。

　そのため，アメリカの金融機関は，このような規制を回避しながら，自らの組織を変化させていったのであり，「銀行持株会社」や「金融持株会社」といったアメリカの金融機関の基本的な構造は，このような歴史的な経緯を踏まえて構築されてきたものである。

　また，このようなアメリカ独特な金融システムの考え方は，アメリカ合衆国の建国当初の理念にまでさかのぼることができる。例えば，その代表的な考え方に，1800年に第3代大統領となったトマス・ジェファーソンの名前を冠した「ジェファーソン主義」がある。

　このジェファーソン主義では，当時の自作農と一般大衆を基礎としながら，民主主義と政治機会の平等が提唱されていた。特に，そこでは自立，自治，個々の責任が重視された「小さな政府」が志向されており，「弱い政府」と「強い州」を主張するものであった。また，金融業者や銀行家を「腐敗の巣窟」と見なし，当時対立していたアレクサンダー・ハミルトンの強い中央政府の考え方を「金権政治」や「貴族政治」を生み出すものとして強く批判していた。

　このように，建国当時のアメリカでは，金融業に対する批判的な政治的見解が強く主張されており，それを反映しながら，アメリカ独特の金融システムが形成されてきたのである。

第5章 アメリカ金融システムの新たな展開

　次に，1929 年の大恐慌によって機能不全に陥った金融システム
を再構築するために，1930 年代以降に，ニューディール政策の一
環として，それまでの州ごとの金融規制ではなく，合衆国連邦全体
での統一的な金融規制を導入し，その規制の効果が強く作用してい
た厳格な金融規制の時代である。

　さらに，1970 年代以降，「金融の自由化」や「金融のグローバル
化」が進み，金融市場や金融業のあり方が大きく変化していく中で，
従来の金融規制が緩和・修正されていく金融自由化の時代である。

　最後に，2007 年のサブプライム金融危機の影響を受けて，2008
年に発生した「リーマン・ショック」を契機に，2010 年にドッ
ド・フランク法と呼ばれる金融規制改革法が成立し，金融業に対す
る金融規制が再強化されていく時代である。

　これらの歴史的な変化の過程で，アメリカの金融システムは，数
多くの金融危機を経験し，それらの危機への対応策を講じながら，
システムのあり方を絶えず変化させてきた。特に，1970 年代から
2000 年代初頭にかけての約 30 年間は，金融システムや金融業のあ
り方がドラスティックに変化した時代であった。

　この時代に，アメリカの金融業はさまざまな金融商品の開発や金
融技術の革新を行い，金融取引の仕組みそのものを抜本的に変化さ
せた。特に，1980 年代以降の情報・通信システムの発達は，金融
業のあり方そのものを変化させ，金融市場において多様な金融的収
益を追求していく新しいビジネスモデルを定着させていった。

　このように，アメリカの金融システムは歴史的に大きく変化して
いくことになったが，その制度的な基盤は，1929 年の大恐慌で機
能麻痺を起こした金融制度を再構築するために，1930 年代のニュ

87

ーディール期に形成されたものであった。その規制の代表的なもの
が，1933年銀行法（グラス・スティーガル［GS］法）による銀行業
務と証券業務の分離規制である。これは，1999年の金融サービス
近代化法（グラム・リーチ・ブライリー［GLB］法）によってその規
制が撤廃されるまでの66年の間，アメリカの金融システムのあり
方を大きく規定してきた。

　このグラス・スティーガル法は，1929年の「暗黒の木曜日」に
発生した証券市場での株価暴落が，金融システム全体に波及してし
まった経験を踏まえて，預金・貸付等の銀行業務を行う商業銀行と，
証券の引受・分売やブローカー・ディーラー業務などを行う投資銀
行とを分けて規制するシステムを導入した。それにより，ヨーロッ
パのような銀行業務と証券業務を同時に行うことのできるユニバー
サルバンクとは，一線を画したアメリカ独特の金融システムが構築
されることになったのである。

　以上のように，アメリカでは，預金通貨の振り替えを通じて決済
を行う商業銀行と，証券市場でさまざまな金融商品を取り扱う投資
銀行とが，それぞれ独立して業務を行う方式を採用することで，金
融システムの安定性を制度的・構造的に確保し，一つの金融機関の
破綻が金融システム全体に広がってしまうシステミックリスクの抑
制を行おうとしたのであった。

　この規制は，1930年代のニューディール政策の一環として行わ
れ，連邦預金保険制度の創設や証券取引委員会（SEC）の設置など
の重要施策とともに，その後のアメリカの金融制度の根幹を形成す
るものであった。このように，ニューディール期には，銀行法，証
券法，証券取引所法などの金融関連法案が次々と立法化され，アメ

第5章　アメリカ金融システムの新たな展開

リカの金融システムの基本的な仕組みやルールの整備が行われることになった。

　その後，第2次世界大戦を経て，世界経済におけるアメリカの覇権が形成される中で，国際金融システムにおける「ドル体制」が確立され，アメリカの金融業は，ニューヨークのウォール街を拠点として飛躍的な発展を遂げることになった。アメリカの金融機関は，国際的な金融業務を行うとともに，国内では金融機関の自由な活動を制約するさまざまな規制を回避しながら，その規模とサービスの拡充に努めてきた。

　さらに，1970年代以降，コンピューターや情報通信の技術革新が急速に進む中で，アメリカの金融業は，次第に，情報産業としての性格を帯びながら，さまざまな金融商品の開発を進め，金融市場の構造そのものを変革してきた。

　特に，その先駆けになったのは，1972年に販売されたMMMF（Money Market Mutual Fund）と呼ばれる投資信託の登場であった。MMMFは，短期金融市場のCDやCPで資産運用を行う投資信託でありながら，1977年に投資銀行のメリルリンチが開発したCMA（Cash Management Account）等を通じて，小切手の振り出せる銀行の決済勘定と融合した新しい金融サービスを提供していた。MMMFは，従来，厳密に区分されていた銀行業の世界と証券投資の世界を結びつける重要な触媒として機能したのであった。[2]

　このような変化は，「金融の自由化」や「金融のグローバル化」として，ヨーロッパや日本の金融市場にも大きな影響を与え，世界各国の金融業のあり方そのものの抜本的な見直しを迫るものとなった。

───────────────────

　2)　アメリカの投資信託の発展については，三谷進（2001, 2003）を参照されたい。

89

また，1971年のニクソンショックによって，変動相場制への移行が進む中で，国際経済システムの不安定化が進み，世界各国の金融業は，信用リスクや価格変動リスクなどのさまざまなリスク管理が必要となった。そのため，ALM（Asset Liability Management）と呼ばれる資産と負債のリスクを総合的に管理する手法が開発されるなど，金融機関のビジネスモデルにも大きな変化が生じることになった。

　さらに，1980年代以降，大量の新しい金融商品が売買される金融市場が拡大する中で，先物・先渡し，スワップ，オプションなどのデリバティブズと呼ばれる複雑な金融派生商品が開発され，それらを活用した金融取引が盛んに行われることになった。

　また，これらの金融取引を行うために，さまざまな金融関連のデータを高速で処理できる巨大な情報ネットワークシステムの構築が必要になった。そこでは，多くの金融機関が，さまざまな金融取引にともなう膨大な資金のやりとりを完了させる決済システムと結びつけられ，金融システムにおける銀行業の役割として，「決済」の機能が重視されるようになった。

　その後も，銀行業や証券業の枠組みそのものを見直しながら，新しい金融サービスを模索する動きは続けられることになった。特に，1990年代になると，金融業務の「アンバンドリング」と呼ばれる動きが加速し，従来，ひとつのまとまりとして考えられていた金融業務が，その機能ごとに分解され，特定の機能に特化したり，分解された機能を再結合して新しい金融ビジネスを行っていく金融機関が登場することになった。[3]

　これらの金融業務の変化は，証券化，信用保証，サービシング，

　3）　このようなアメリカの金融業の変化については川波洋一（1995）を参照されたい。

トレーディングなどの新しい金融サービスを生み出し，そこに新たな収益機会が生まれていくことになった。また，金融のグローバル化が進む中で，いくつかの巨大なグローバルバンクが各国の金融規制を回避するために，SIV（Structured Investment Vehicle）[4] などを利用した「シャドーバンキング」と呼ばれる金融業務の領域が拡大していくことになった。

このように，アメリカの金融業を中心にしながら，世界全体の金融のあり方は大きく変化したが，それは必ずしも順調に進んできたわけではなく，デリバティブなどの金融取引に失敗した金融機関の破綻をきっかけにした金融危機が発生するなど，金融システムの不安定性を内在させた形での金融市場の発展ともいえるものであった。そのため，国際的には，BIS（国際決済銀行）の自己資本比率規制に代表されるように，金融機関の健全性・安定性を確保するための対策も進められていくことになった。

その中で，アメリカの金融機関は，国内外の金融危機や，国際的な金融機関間の競争に対応する形で，よりリスクに強く高い収益力の確保できる業態へと変貌していくことを志向してきた。そのためには，「規模の経済性」と「範囲の経済性」を同時に享受できるような組織体制へと体質強化を図ることが必要となり，その変革の必要性は，それまで金融業の巨大化を抑制してきた金融規制の緩和を推進する重要な要因となったのであった。

その結果，1930 年代に構築された金融規制の抜本的な見直しが

---

4) SIV とは，ハイリスクの金融商品で証券投資を行う特別運用会社である。連結会計の対象外となるため，欧米の主要金融機関が積極的に設立してきた。BIS の自己資本比率規制を回避するために，1988 年にシティバンクによって設立されたのが始まりといわれている。

進められ，1999年のグラム・リーチ・ブライリー（GLB）法の成立によって，銀行業と証券業の分離規制が撤廃されるなど，金融機関の規模と業務範囲の拡大が可能になった。

　これにより，2000年代初頭は，シティバンクに代表されるように，多様な金融業務をひとつの金融持株会社が包括する巨大な金融コングロマリットが形成されることになった。これらの巨大な金融機関の形成は，それまでの金融機関の経営のあり方に新たな変化をもたらすことになった。それは，「規模の経済性」を追求したことにより，必然的に，その内部組織の巨大化・複雑化がもたらされ，金融機関の経営者が，世界全体で金融サービスを提供している組織そのものを管理することが困難になる事態が生じることになった。デリバティブ取引などの複雑な金融取引の内容を十分に理解できず，金融市場での取引の実態がはっきりとわからないまま，業態を拡大していく経営上のリスクが増大していくことになったのである。

5-2：サブプライム金融危機が金融システムに与えた影響

　このように，2000年代初頭まで，アメリカの金融機関は，その規模と範囲を拡大させる一方で，高度化・複雑化していく金融市場で取引される金融商品のリスク管理を十分に行えていない状況が生み出されていた。そのため，金融機関は，市場におけるリスク評価をMoody'sやS&Pなどの格付け会社に依存することになり，高い格付けが与えられた金融商品については，安全性が保証されているものとして金融商品の取引を行うことになった。

第5章　アメリカ金融システムの新たな展開

　しかし，多種多様な金融商品が生み出される中で，格付け会社も十分に金融商品のリスク特性を把握しきれず，実態とは大きく乖離した高い格付けを取得した金融商品が世界全体で取引されるようになった。まさに，このような状況下で発生したのが，2007年のサブプライム金融危機であった。

　このサブプライム金融危機の直接の引き金は，2006年まで続いたアメリカの不動産バブルが崩壊したことにあった。アメリカの住宅価格の代表的指標であるS&P・ケースシスラー指数の推移を見ると，1990年代前半は安定していた住宅価格が1997年頃から次第に上昇し，その後2006年までの10年間に300%近くまで急騰していた。しかし，そのバブル状態は持続することなく，2006年6月を頂点にしたバブルが崩壊する中で，サブプライム金融危機が起きたのであった[5]。

　ところで，この「サブプライム」とは，住宅融資関連の金融機関が，家計に対して住宅ローンの貸付を行った際に，「プライム」と呼ばれた優良な顧客市場が次第に成熟していき，今まで所得水準や信用力が低いために貸付が行われてこなかった「サブプライム」と呼ばれる所得階層に対しても積極的な融資を行ったことに由来する。

　しかし，2006年の住宅バブルの崩壊とともに，2007年以降，このサブプライム層に対して貸し出されていた住宅ローンの返済が困難となり，その住宅ローンをもとに発行されていたRMBS（Residential Mortgage Backed Securities：住宅用モーゲージ担保証券）等の証券化商品の価格が暴落することになった。

---

5)　アメリカの住宅バブルの形成と崩壊については，山口義行編（2011）第5章〜第7章を参照されたい。

93

アメリカの金融市場では，このように，住宅ローンなどの原資産のキャッシュフローをもとに証券を創り出す証券化の仕組みが発達しており，住宅ローンの元本や利子をもとにしてRMBSのような証券が組成されていた。また，証券化市場では，RMBSをもとにCDO（Collateralized Debt Obligation）と呼ばれる債務担保証券が組成されるなど，証券をもとに証券が重層的に生み出されていく構造が形成されていた。

　このようなRMBSやCDOのような証券化商品は，アメリカの投資銀行が積極的に組成し，それをアメリカ国内のみならず，海外の金融機関や個人などにも販売していたために，それを保有していたさまざまな金融機関や投資家に打撃を与え，国際的な金融危機として広がっていったのであった。

　また，その際に問題になったのが，「影の銀行システム（Shadow Banking System）」の存在であった。これは銀行業に対する国際的な規制が強まる中で，その規制を回避する形で構築されてきた金融システムの新しい資金仲介の仕組みである。[6]

　自己資本比率規制などのさまざまな規制が課せられている本来の金融システムに対して，影の銀行システムでは，金融市場で金融取引を行っているが，その活動には十分な規制や監視が行われていない。そのため，世界各国の金融監督当局は，その影に隠れた金融機関同士の取引を十分にチェックすることができずにおり，その影の

---

6)　銀行は，国際決済銀行（Bank for International Settlements：BIS）の自己資本比率規制によって，本来，資産として保有できる金融商品の量には一定の制限が設けられている。このような国際的な金融規制を回避する形で，アメリカの金融機関は，ABCP導管体やSIVと呼ばれる資産保有機関を設立し，それらを通じてレバレッジの比率を高めるという行動に出ていたのである。

システムが，今回，本来の金融システムに浸食し，そこに大きなダメージを与えることになったのである。

　今回の金融危機で問題を発生させた金融機関の多くは，表向きには，健全な経営を行っているように見せながら，そのバランスシートから切り離した目に見えない影の部分において，さまざまな新しい資金運用機関を駆使して，その利益を高めようとしていた。

　それらは，コンディット（Conduit），ビークル（Vehicle），ストラクチャー（Structure）等と呼ばれ，厳しく規制された金融機関が，さまざまな金融商品の資産管理を行う関連会社として設立したものであった。これらの資産運用機関は，短期で調達した資金を長期の資産で運用するというスタイルが多く，それは高い収益をあげることができたが，もし運用した資産で多額の損失が生じると，調達していた短期資金の返済を求められ，すぐに資金繰りに行き詰まるものでもあった。そのため，アメリカの証券化商品の価格暴落が，これらの資産運用機関の経営状態を急速に悪化させ，それと裏でつながりをもつ金融機関にも深刻な打撃を与えることになったのである。

　2007年以降，サブプライム関連の投資を行っていたイギリス，ドイツ，フランス等の金融機関の経営危機が発生し，アメリカ国内では，住宅融資関連の金融機関や，その融資の保証を行う信用保証会社の破綻が相次ぐことになった[7]。また，2008年9月には，アメリカの五大投資銀行のひとつといわれたリーマン・ブラザーズが破綻し，アメリカ国内とともに，国際的な金融危機として世界各国に

---

7)　このサブプライム金融危機については多くの文献が出ているが，わかりやすくまとめられているものとしては，みずほ総合研究所編（2007），江川由紀雄（2007），ルービニ，ヌリエル＆スティーブン・ミーム（2010）等を参照されたい。

深刻な経済的ショックが伝播していくことになったのである。[8)]

　このように，アメリカの金融システムは，証券化やデリバティブ
などの高度な金融技術を駆使した資金仲介ルートを形成していたが，
今回の金融危機によって，それがいかに脆弱な基盤の上に立ってい
たのかが明らかとなり，ニューディール期と同様に，金融システム
の再構築が求められるようになったのである。

5-3：金融規制の強化とアメリカ金融システムの行方

　2008年以降，アメリカの金融システムは，連鎖的な金融機関の
破綻が続いたため，アメリカ政府は，それまでの「小さな政府」路
線を大胆に転換し，大規模な金融緩和政策とさまざまな信用補完の
仕組みを導入することになった。また，アメリカの中央銀行である
FRB（連邦準備制度）は，「最後の貸し手」として積極的に金融市場
に資金供給を行うとともに，「最後の買い手」として証券化商品な
どの金融資産を積極的に購入し，金融システムと金融市場の安定化
を図っていった。そのため，FRBの保有する金融資産は急速に膨
張していくとともに，政府の積極的な財政政策による財政赤字の拡
大が進んでいくことになった。

　この時期には，金融市場の安定化装置としての国家の役割が再認
識されるとともに，これまでの民営化・自由化の流れの中で進めら
れていた金融業のあり方を根本的に見直すことが求められることに

---

8)　リーマン・ブラザーズの破綻の具体的な状況については，マクドナルド，ローレ
ンス＆パトリック・ロビンソン（2009）を参照されたい。

第5章 アメリカ金融システムの新たな展開

なった。

　その際にまず問題になったのが，今回の金融危機を引き起こした「影の銀行システム」の問題であり，また，そこで頻繁に利用されていた「レバレッジ」の問題であった。レバレッジとは，「梃子の原理」を意味するものであり，金融機関の自己資金をもとに，その数倍から数十倍の資金をさまざまな金融商品に投資する仕組みとして理解されている（Chap.5 コラム②を参照）。

　今回の金融危機で破綻したリーマン・ブラザーズを始めとした多くの金融機関（投資銀行，ヘッジファンド，SIV 等）は，「影の銀行システム」での重要なプレーヤーであり，自己資金の数十倍の資金を金融市場から調達してリスクの高い金融商品で運用していた。これらの影の銀行システムに属する金融機関は，どのような取引を行っているのかを明らかにすることもなく，ハイリスク・ハイリターンの投機的な取引を行っていた。そこにはしっかりとした金融規制の仕組みや，金融取引のチェック体制は存在せず，今回のような問題を引き起こしてきたために，その部分についての規制を強化することを志向しながら，新しい金融システムのあり方が展望されることになった。

　この点については，今回のグローバル金融危機という性格を踏まえて，BIS 等の国際的な金融規制の強化が進められる一方で，アメリカ国内では 2010 年に成立した金融規制改革法（ドッド・フランク法）に結実し，これまでの金融機関の規制内容を抜本的に見直し，それを通じて金融システムの安定化を図ろうというものであった。

　このドッド・フランク法は，正式には「ウォール街改革および消費者保護に関する法律」という名称であり，2000 ページを超える

97

======= Chap.5　コラム② =======

レバレッジとは何か

　2007年以降のサブプライム金融危機で問題になった「レバレッジ」とは，どういうものなのかをみておこう。

　レバレッジとは，一般的には，「梃子の力」と呼ばれるものであり，かつてアルキメデスが「我に支点を与えよ，されば地球をも動かさん」と述べたように，まさに，わずかな力で大きなものを動かすことのできる梃子の原理のことを指している。

　金融の世界でいえば，手持ちの資金がわずかであっても，それを元にして，多額の資金を動かすことができる仕組みということになる。これは，商品先物取引や外国為替取引などでの「信用取引」でも活用されており，わずかな証拠金をもとに多額の資金運用が可能になるが，それは多額の利益を得る可能性がある一方で，巨額の損失を出してしまう可能性もある投機的な取引となっている。

　つまり，このレバレッジを活用した取引を行う場合，自分の手持ち資金を利用して，その数倍から数十倍の資金を借り入れて，巨額の投資資金を動かすことができるようになるのである。

　2008年9月に破綻したリーマン・ブラザーズは，当時，30倍程度のレバレッジをかけていたといわれ，自己資金をもとに借り入れた巨額の資金を証券化商品に投資をしていた。今回，シャドーバンキングシステムにおいて活動していた金融機関の多くは，自己資金を上回る多額の短期資金を借り入れて，それをハイリスク・ハイリターンの証券で運用していたことがわかっており，サブプライム金融危機によって保有していた金融資産が大幅な値下がりをしたために，その損失は自己資金の数十倍となり，結果的に信用で借り入れた資金を返済することができずに破綻していくことになったのである。

膨大な内容となっている。そこでは，①消費者保護の強化，②店頭デリバティブ市場の透明性の強化，③金融システムに対するリスクを最小限にするための監視システムの構築，④大手銀行の資本基準と規制の強化という4つの目的が設定されている。

　また，この法律の中では，元FRB議長のポール・ボルカーが提唱した「ボルカールール」がよく知られている。このボルカールールでは，預金・貸付業務を行う商業銀行が，自己勘定で株式の売買を行うことや，投資ファンドへ投資することを原則として禁止するというものである。

　このボルカールールは，銀行業と証券業を分離することで金融システムの安定化を図るものであり，その意味でいえば，アメリカのニューディール期の金融システムのあり方に回帰することを意味している。ただし，これについては，2012年の時点でまだ具体的な施行規則が策定されておらず，このルールをどのように実現していくのかということが現実の課題として残されているのである。

第6章 分権的な「小さな政府」と民間福祉

（根岸 毅宏・吉田 健三）

アメリカの政府部門の特徴の第1は，政府の役割や活動の規模をできる限り小さくすることであり，第2は，それを連邦制という分権的な枠組みのもとで，連邦・州・地方の各レベルの政府がそれぞれの役割を担い，実現していることである。第3は，一般的に政府が中心的な役割を担うと考えられる年金や医療や福祉という分野でさえも，政府の役割や活動をできる限り小さくし，それを超えるニーズがある場合は民間部門の活動の促進や支援を通して，またはそれらと連携や協働を図り，対応しようとするのである。

渋谷博史は「アメリカの至上価値は自由であり，そういう意味で自由主義である」と指摘したうえで，次のように述べる。

　当然のことであるが，自由の獲得は自立と自助と自律によって裏打ちされなければならない。自立も自助も自律も決して楽しくもなく，楽でもない。厳しい市場経済の中で苦労して，自立と自助と自律を達成することで，他人への依存から脱却して，自由が獲得できる。そういう自立する個人が民主主義社会を構成し，また，民主的な政府を賄うために納税者となる。そして，納税者は，租税資金による政府の活動を監視することで，民主的な政府が維持される。（渋谷　2012，1-2頁）

こうしたアメリカ国民は，納税者としてだけでなく，行政サービスの受け手としても，政府の活動や役割をできる限り小さくしよう

第6章　分権的な「小さな政府」と民間福祉

とし，それを超えたサービスは民間部門から自ら購入するであろう。
以下では，そうしたアメリカの政府部門についてみていこう。

6-1：分権的な「小さな政府」

6-1-1　「小さな政府」

　アメリカの政府部門が小さいことを確認しよう。図表6-1は
OECDの資料を基に，2006年の一般政府の総収入と総支出のGDP
比を，先進5ヵ国に福祉国家の代表であるスウェーデンを加えて国
際比較したものである。一般政府とは，国や地方などの政府に加え
て社会保険を管理する社会保障基金も含めた政府部門の全体を指す
ものである。

　一般政府の総収入ではアメリカの33.9％が最も低く，総支出でも
アメリカの36.0％が最も低い。アメリカの次に低いのは日本であり，
その総収入は34.5％，総支出が36.2％である。アメリカと日本の大
きな違いは，社会保障・社会扶助である。社会保障・社会扶助は，
主として年金，医療，介護，失業，労災などの公的保険（いわゆる
社会保険）と生活保護制度などの公的扶助である。アメリカは社会
保障や福祉の分野でも政府の役割や活動の規模を小さくしようとす
るために社会保障・社会扶助が12.0％であるが，日本は社会保険や
生活保護制度などが整備されているため17.8％と高い。

　アメリカの「小さな政府」の特徴を典型的に示しているのが，図
表6-1の社会支出である。社会支出は，社会保険・福祉・保健・[1]

---

1)　社会支出は，高齢，遺族，障害，業務災害，傷病，保健，家族，労働政策・失業，
　住宅，生活保護などの政策に関する支出である。

101

図表 6-1 一般政府の総収入, 総支出と社会支出の国際比較(2006 年)(GDP 比)

(単位：％)

	アメリカ	イギリス	フランス	ドイツ	スウェーデン	日本
一般政府の総収入	33.9	41.5	50.4	43.7	54.9	34.5
一般政府の総支出	36.0	44.2	52.7	45.3	52.7	36.2
社会保障・社会扶助	12.0	12.6	23.3	25.7	19.0	17.8
社会支出	26.4	26.4	32.8	29.0	31.2	21.3
政府（公的）部門	16.1	20.3	29.8	26.1	28.4	18.4
民間部門	10.3	6.1	3.0	2.9	2.8	2.9

出所：OECD, GENERAL GOVERNMENT ACCOUNTS 2011, OECD Social Expenditure Statistics より作成

雇用・住宅などに関する支出であり，それは政府（公的）部門と民間部門に分けられる。

　先の社会保障・社会扶助とこの社会支出では，次の2つが異なる。第1に，社会保障・社会扶助が主として社会保険と公的扶助の支出を示すのに対して，社会支出はカバーする政策分野が広範囲に及ぶことである。第2に，前者が政府部門からの支出を示すが，後者は政府部門だけでなく民間部門からの支出も含むことである。

　社会支出は，日本の21.3％が最も低く，アメリカの26.4％は2番目に低い。しかし，内訳をみると，日本は政府部門が社会支出のほとんどを占めるのに対し，アメリカは政府部門が16.1％にすぎず，民間部門が10.3％もある。アメリカの10.3％は社会支出の民間部門で最も高い数値を示す。

　なお，アメリカの民間部門10.2％のほぼすべてが雇用主提供年金と雇用主提供医療保険である。雇用主提供年金や雇用主提供医療保

第6章　分権的な「小さな政府」と民間福祉

険については，以下6-1-3の「アメリカ福祉国家の基本構造」で説明する。

6-1-2　分権的な政府

　次に，連邦・州・地方の各レベルの政府がそれぞれにどういった役割を担っているのか，主たる支出項目を確認しよう。

　あらかじめ，連邦政府と州・地方政府の2つに分けて，その役割を説明すると，第1に連邦政府は国防と社会保険を担当し，第2に州・地方政府は内政と公的扶助を含む社会福祉を担当する。加えて，第3に，連邦政府は州・地方政府が行う内政と社会福祉を支援するために連邦補助金を交付する。さらに，第4に，第2節と第3節で示すように，民間部門もアメリカの分権的な「小さな政府」部門を支える役割を担っている。

　図表6-2は，2006年の連邦支出と連邦補助金を示している。連邦支出額が大きな項目を順にみると，第1位は社会保障（5,485.5億ドル，GDP比4.1％），第2位が国防（5,218.3億ドル，3.9％），第3位が所得保障（3,524.8億ドル，2.6％），第4位がメディケア（3,298.7億ドル，2.5％），第5位が健康（2,527.4億ドル，1.9％）である。社会保障は公的年金を意味し，メディケアは高齢者への公的医療保険を意味する。所得保障は，公的扶助，住宅補助，州失業保険への補助金などを含み，これらが7割以上を占める。公的扶助には，高齢者や障害者への現金扶助SSI（補足的所得保障），児童を扶養する家族への現金扶助TANF（貧困家族一時扶助），食料購入券（現在はカード）を給付する食料スタンプなどがある。健康は，低所得者への医療扶助であるメディケイドがその8割程度を占める。

103

図表 6-2　連邦支出と連邦補助金（2006 年）

	連邦支出		連邦補助金	
	億ドル	GDP 比 (%)	億ドル	GDP 比 (%)
合計	26,550.5	19.9	4,341.0	3.3
国防	5,218.3	3.9	0.0	0.0
国際関係	295.0	0.2	–	–
科学・航空・技術	235.8	0.2	–	–
エネルギー	7.8	0.0	6.5	0.0
天然資源・環境	330.2	0.2	60.6	0.1
農業	259.7	0.2	7.5	0.0
商業と住宅融資	61.9	0.1	NA	–
運輸・交通	702.4	0.5	466.8	0.4
コミュニティ・地域開発	544.7	0.4	212.8	0.2
教育・訓練，雇用・社会サービス	1,184.8	0.9	605.1	0.5
健康	2,527.4	1.9	1,973.5	1.5
メディケア	3,298.7	2.5	–	–
所得保障	3,524.8	2.6	898.2	0.7
社会保障	5,485.5	4.1	0.1	0.0
退役軍人	698.1	0.5	6.3	0.0
司法	410.2	0.3	49.6	0.0
一般政府	181.8	0.1	39.2	0.0
純債務利子	2,266.0	1.7	–	–
その他	− 1,504.9	− 1.1	–	–

出所：連邦支出は U.S. Office of Management and Budget（2010），Historical Tables,
　　　Table 3.2. 連邦補助金は Historical Tables, Table 12.3.

　図表 6-3 は，2006 年の州・地方政府の直接一般支出とその GDP
比を示している。当然のことであるが，州政府は州全体に及ぶよう
な政策分野を担当し，地方政府は地域レベルの政策分野を担当する。

第6章 分権的な「小さな政府」と民間福祉

図表6-3 州政府と地方政府の直接一般支出（2006年）

	州		地方	
	億ドル	GDP比（%）	億ドル	GDP比（%）
直接一般支出	$9,177.0	6.9	$11,994.6	9.0
教育	2,038.0	1.5	5,355.8	4.0
社会サービス・所得保障	4,049.9	3.0	1,469.1	1.1
運輸・交通	881.1	0.7	723.5	0.5
治安	596.1	0.4	1,284.7	1.0
環境・住宅	327.5	0.2	1,313.4	1.0
行政	466.8	0.4	637.4	0.5
債務利子	382.3	0.3	479.3	0.4
その他	435.3	0.3	731.4	0.5

出所：U.S. Census Bureau, 2007 Census of Governments

　具体的には，州政府が主として担当するのは，社会サービス・所得保障においては州内で統一した運用が求められる現金扶助や医療扶助，教育においては高等教育（大学やコミュニティ・カレッジなど），運輸・交通においてはハイウェイの建設，治安においては刑務所などの矯正施設である。地方政府が主として担当するのは，教育においては初等・中等教育，社会サービス・所得保障においては社会サービス（保健，保育，通勤支援，職業教育・訓練など），治安においては警察や消防，環境・住宅においては上下水道の整備，ゴミ収集・処理，地域開発である。

105

6-1-3 アメリカ福祉国家の基本構造

次に，連邦政府と州・地方政府に民間部門を加えた全体として，アメリカ福祉国家の基本構造を示した図表6-4をみよう。ここでは，4つのことを指摘する。[2]

第1に，雇用主提供保険が，その給付規模も社会保険より大きく，主たる保障と位置づけられることである。雇用主提供保険は，雇用主提供年金や雇用主提供医療保険などであり，雇用関係に基づいて雇用主から，つまり民間企業であれば企業側から公務員であれば政府側から，労働の対価の一部として提供される民間保険である。これらは労働者が自ら稼ぐ保険といえる。雇用主提供保険は2006年にGDP比で8.9%であり，社会保険を1.1%上回る。

第2に，上述したように，社会保険である社会保障年金やメディケアが基礎的な部分を保障するのにすぎないことである。年金の基礎的部分とは，公的年金の給付が生活費の基礎的な部分しかカバーしないという意味であり，医療の基礎的な部分とは，公的医療保険の対象は高齢者（65歳以上）のみで，現役世代は対象にしないという意味である。社会保険の支出はGDP比で7.8%である。この社会保険も，現役時代に社会保障税を支払って労働者が自ら受給権を獲得するという論理を根底にもっている。

第3に，歴史的に雇用主提供保険と社会保険（社会保障年金とメディケア）の関係をみると，雇用主提供保険の方が原則的な制度であるといえる。雇用主提供保険だけでは，基礎的な部分の保障すら欠く人々がいたので，基礎的な部分をカバーする社会保障年金やメ

---

2) 詳しくは渋谷・中浜・櫻井（2010）を参照されたい。

第6章 分権的な「小さな政府」と民間福祉

図表 6-4 アメリカ福祉国家の基本構造（2006 年）

		10 億ドル	GDP 比（%）
給付	雇用主提供保険など（A）	1,171	8.9
	公務員年金	287	2.2
	公務員医療保険	133	1.0
	企業年金	361	2.7
	企業医療保険	370	2.8
	団体生命保険	20	0.2
	社会保険（B）	1,025	7.8
	社会保障年金（OASDI）	544	4.1
	メディケア	395	3.0
	失業保険	31	0.2
	労働災害補償保険	55	0.4
	公的扶助など（C）	544	4.1
	医療扶助	311	2.4
	補足的保障所得（SSI）	40	0.3
	フード・スタンプ	29	0.2
	貧困家族一時扶助（TANF）	18	0.1
	住宅補助	32	0.2
	その他	114	0.9
	合計（A＋B＋C）	2,740	20.8
租税支出	年金	91	0.7
	医療	104	0.8

出所：渋谷・中浜・櫻井（2010）から引用

ディケアが社会保険として創設されたのである。

　第4に，公的扶助は，本来は貧困であることを条件に給付が行われるため，労働者が自ら稼ぐというアメリカ的な論理とはかけ離れた制度といえるが，そうした公的扶助においても，できる限り政府の役割が小さくなるように，稼ぐという論理を反映した制度設計が行われている。

　公的扶助制度では，その対象を就労不可能な者（高齢者と障害者）と就労可能な者（現役世代）の2つに区分したうえで，働くことができない高齢者と障害者はSSIの対象になり，資産と所得の上限などの受給要件をクリアすれば現金扶助が受給できる。他方で，就労可能な者は，児童を扶養する場合に限ってTANFの対象になり，資産と所得の上限などの受給要件をクリアしてTANF現金扶助を受給できても，受給期間が生涯5年間に，州によってはより短く設定されているので，就労を前提とした制度設計が行われている。

6-2：福祉分野の民間の活用

　まずは，この節で記述する，現金扶助を例にした福祉分野における民間の活用の全体像とその意味を示そう。

　1990年代に経済のグローバル化にともない労働編成の再編を模索するのと同じ時期に，児童を扶養する家族への現金扶助を，就労を前提とする制度に抜本改革する福祉改革が行われた。これは，連邦政府から州政府への権限の委譲もともなっていたので，州政府は現金扶助受給者への就労促進・支援策を自らの裁量性を発揮して策定できるようになった。州政府が策定した制度・政策は，地域レベ

第 6 章　分権的な「小さな政府」と民間福祉

ルでの地方政府と民間団体（主に NPO）のパートナーシップに基づくサービス提供という実態がともなってはじめて現実のものとなる。

　いま一歩踏み込むと，もともと地域レベルでは地方政府と民間団体のパートナーシップに基づいて，地域特性を反映したさまざまなサービスが提供されている。その中で，現金扶助受給者を就労させることで成果を上げたプロジェクトは，州内に，さらには州外へと普及するのであり，福祉改革のように連邦レベルの改革として結実する場合もある。すなわち，アメリカの分権的な「小さな政府」は，こうした地域レベルのパートナーシップにより，下から支えられているともいえるのである。

6-2-1　1990 年代初頭の経済のグローバル化と労働編成の再編

　バージニア州を例に，経済のグローバル化にともなう労働編成の再編についてみてみよう。1991 年のバージニア州政府の報告書『21 世紀の労働力強化のためのバージニア・プラン』（以下，21 世紀プラン）には，当時の経済のグローバル化と労働編成の再編を示す具体例が挙げられている。

　　完成品が輸出と輸入により国と国の間を移動するだけでなく，労働力と資本も移動する。（バージニア州の：訳者）東沿岸部ではメキシコからの（出稼ぎ：訳者）労働者が野菜を収穫し，AT&T はメキシコに100 人分の仕事（コールセンターのアウトソーシングだと思われる：訳者）を移し，キヤノンはバージニア半島にハイテクのコピー機生産工場を建設した。これが新しいグローバルな経済である。(Virginia, Joint Subcommittee Studying (1991), Appendix C, p.6.)

109

これは，国外に移せる単純な仕事はアメリカ国外に移り，国内に残るのは，国外に移せない低技能で低賃金な仕事と高度な技能を必要とする仕事であることを示している。そのため，州の報告書では2つの方向が提示される。ひとつは，ハイテク，IT，バイオテクノロジーの分野で産業を育成，誘致することであり，そうした仕事で必要となる高い技能をもった労働者を養成するために，大学やコミュニティ・カレッジなどの高等教育を拡充することである。もうひとつは，サービス業での雇用が2000年までに最も増加が見込まれることであり，それへの対応として，そうした雇用の増加を就労の機会ととらえて福祉改革が指摘されるのである。サービス業の具体例としては，販売員，レジ係，レストランの店員，事務員，秘書，守衛・清掃・用務員などがあげられていた。

6-2-2　1995年バージニア州福祉改革とその取り組み

　バージニア州は，児童を扶養する家族への現金扶助を，就労を前提とする制度へと抜本改革する州福祉改革を，1996年連邦福祉改革よりも1年早く1995年に行った。この州改革は，州内の一部地域で実施していた試験プロジェクトや州外で成果を上げていた試験プロジェクトの成果を取り入れた全面的な改革であったので，連邦福祉改革のモデルのひとつであるといわれた。

　バージニア州ほど抜本的ではないものの，当時の児童を扶養する家族への現金扶助 AFDC（要扶養児童家族扶助）[3] の小規模な改正を

---

3)　AFDC は児童を扶養する家族への現金扶助で，主たる受給者は母子家族であった。AFDC では，受給者が長期的に受給し続ける福祉依存が社会問題として取り上げられていた。

第6章　分権的な「小さな政府」と民間福祉

ともなう試験プロジェクトは，1996年までに40以上の州で実施された。つまり，ほとんどの州が就労を前提とする現金扶助の方向を向いていたので，連邦レベルの連邦福祉改革が可能になったのである。

バージニア州福祉改革は，AFDCの名称をVIP（バージニア自立プログラム）に変更し[4]，継続2年間，生涯5年間という受給期間を設定した。VIP現金扶助受給者は，VIEW（バージニア就労脱福祉）に参加することが義務づけられ，受給を開始してから90日間は履歴書の書き方や面接の受け方などを学ぶ就労準備活動と就職活動を行い，それでも就職先が決まらない場合は週に20時間から35時間，コミュニティ・ワーク（道路や公園といった公共の場所の清掃活動など）や職業教育・訓練に参加することが義務づけられた。

VIP現金扶助受給者が就職活動をしたり，コミュニティ・ワークに参加するために，保育が必要であったり，バスや電車の公共交通機関の交通費や乗り合いのバンなどの通勤支援が必要であれば，それらのサービスが提供された。就労してVIPから離脱しても，1年間は保育，通勤補助，医療などのサービスを受けることができた。

バージニア州福祉改革の導入プロセスにおいては，州内でいち早く福祉改革を導入したカルペッパー郡の取り組みが州福祉改革のモデルといわれた。カルペッパー郡は，郡福祉部と商工会議所との間でパートナーシップを確立し，商工会議所が地域の企業からのニーズにあわせてVIP現金扶助受給者を就労斡旋するプログラムを実施していた。また，カルペッパー郡は，VIP現金扶助を受給する母親が就職活動をしたり，コミュニティ・ワークに参加できるよう

---

4)　VIPはバージニア州のTANFである。連邦政府のTANF包括補助金を使っていても，州政府は独自の名称を定めることが可能であった。

に，小学校に併設する形で保育所を作り，スクールバスで保育所への送り迎えができるようにした。具体的な事例は，Chap.6 コラム①②を参照されたい。

カルペッパー郡をはじめとして各地域の就労促進・支援策が，当初の予想をはるかに超える成果をあげたため，州政府は 1999 年 1 月までに州内で順次導入する予定であった福祉改革を前倒しして，1997 年 10 月までに州内全域で実施した。

=== Chap.6　コラム① ===

バージニア州カルペッパー郡のパートナーシップ

1995 年『バージニアン・レビュー』は C. リチャード（Carolyn Richards）27 歳のケースを紹介している。まずは要約をみよう。[※1]

「子供の出産を契機にシングルマザーになった C. リチャードは福祉を受給して生計を立てていた。しかし，州福祉改革をきっかけに，郡社会サービス部が提供するプログラムで学び，高校卒業資格（GED）を得て，就労する準備を始める。商工会議所の会長 N. ダンウディの紹介でバーガーキングで働くようになり，働きぶりが評価されて，アシスタント・マネージャーへの昇格を打診される。郡社会サービス部は就労した後も，C. リチャードを支援する。それは，保育サービスの提供，ガソリン代の助成，医療サービスの提供などである」。

C. リチャードは「このプログラムは素晴らしい。学校に戻るチャンスを与え，可能な方法で手助けしてくれる。このプログラムを知らなければ，今日のように働いていない。」と述べる。

カルペッパー郡社会サービス部長 C. コールマンは VIP 現金扶助受給者の就労先について「（1995 年：訳者）7 月以来，ウォルマートやバーガーキングのような雇用主が VIP 現金扶助受給者の 53％を雇用して」おり，「年収 20,000 ドルには届かないが，第一歩としてはまずまずの仕事である」と述べている。[※2]

112

第6章　分権的な「小さな政府」と民間福祉

　当時の州知事 G. アレンと州健康・人的資源長官 K. コールズは
「こうしたパートナーシップにより，この郡はバージニア州の福祉
改革の取り組みのモデルになる」と述べた。[3]

※1　Elliott, Troy. "Culpeper's Partnership to Transform welfare Reform,"
　　Virginian Review, October, 1995.
※2　Richmond Times, November 27, 1995.
※3　The Washington Times, July 26, 1995.

━━━━ Chap.6 コラム② ━━━━

バージニア州フェアファックス郡のパートナーシップ

　北バージニアに位置するフェファックス郡にある NPO グレー
ス・ミニストリーズが提供する，ホームヘルパー養成プログラムと
看護師補助資格取得プログラムを紹介しよう。

　今後の 25 年間でバージニア州の高齢人口は 2.32 倍に増加するも
のの，伝統的な介護労働者である 25-44 歳の女性は 1.16 倍しか増
えないため，高齢者人口の増加にともなう介護職や看護職の増加を
見込んで，プログラムを運営している。これらのプログラムは，郡
政府福祉部署と労働関連部署，郡学校区（成人教育部署），George
Mason 大学，連邦労働省，ダレス空港地域商工会議所などと協力
もしくはパートナーシップの関係にあり，受講者の募集，講師の派
遣，実習施設の提供，就職説明会の開催などで協働している。

　ホームヘルパー養成プログラムは 2006 年から実施し 2009 年まで
の 4 年間で 125 人の修了生が介護職に就いた。この資格を取ると，
施設で介護することはできないが，家庭に訪問して介護することが
できる。時給は 10 ドルを超える程度であり，年間所得は 20,000 ド
ル程度である。このプログラムでは，20 人規模のクラスを 2 つ運
営し，1 クラスにつき 18 人が修了し，資格を取得することを目標
にしている。

　内容は，10 週の間，介護については週に 2 回，合計で 5 時間

113

（木曜日の夕方 2 時間，土曜日に 3 時間）学び，介護の現場でまた教材を理解するために必要となる英語（会話）については土曜日に 2 時間学ぶ。英語（会話）を学ぶ理由は，英語力の不足がキャリアを構築するうえで大きな障害になるからである。クラスに参加している間は無料で保育サービスが提供される。

2011 年は 16,238 ドルの事業費を，郡政府からの補助金 5,018 ドル，受講生の授業料など 11,220 ドルでまかなう予定である。受講生は 30 人と少なく見積もられ，1 人あたり授業料は教材費を含んで 410 ドルであった。

ホームヘルパー養成プログラムの修了生を念頭に，看護師補助資格取得プログラムが 2010 年から実施された。この資格を取ると，介護施設や病院で働くことができる。時給は 12–15 ドル程度であり，年間所得は 30,000 ドル程度である。このプログラムでは，20 人規模のクラスを 2 つ運営し，1 クラスにつき 18 人が修了し，16 人が資格を取得することを目標にしている。

内容は，16 週の間，介護については週に 2 回，合計で 6 時間（木曜日の夕方 6 時間，土曜日の午前に 3 時間）学び，介護に関する英語（会話）については土曜日の午後に 2 時間学ぶ。このコースでも，クラスに参加している間は無料で保育サービスが提供される。

2011 年は 33,710 ドルの事業費を，郡政府からの補助金 13,110 ドル，教会からの助成金 3,000 ドル，受講生の授業料など 17,600 ドルでまかなう予定である。受講生は 32 人と見積もられ，1 人あたり授業料は教材費を含んで 850 ドルであった。

2 つのプログラムとも，カリキュラムの中に履歴書の書き方，就職面接の受け方などがあり，看護師補助資格取得プログラムでは終了の直前に就職説明会（Job Fair）が開催された。そこで，介護施設（nursing home），病院（hospital），介護付き住宅（assisted living），訪問介護事業者（home health care agency）などの事業者と面接することができた。

（グレース・ミニストリーズから提供された資料に基づいている）

第6章 分権的な「小さな政府」と民間福祉

6-3：医療保障システムと無保険者問題

　アメリカの医療保障の主軸は雇用主提供医療保険であり，それに
カバーされない人々に対するセーフティネットとしての医療扶助が
ある。しかし，これらは必ずしも十分ではなく，そのため近年では，
無保険者問題が社会問題になっている。

　日本をはじめ多くの先進国では，国民への医療保障は公的医療保
険を中心に実施されている。しかしアメリカでは，医療保障の主軸
は民間保険を中心とする雇用主提供の医療保険であり，連邦政府の
公的医療制度はメディケア（高齢者への公的医療保険）とメディケイ
ド（低所得者への医療扶助）など最低限の保障を行うものに限定さ
れている。

　このようなアメリカの医療保障システムは，図表6-5が示す非
高齢者の医療保険の加入状況からも確認できる。2006年の時点に
おいて，雇用主提供医療保険の加入者が全体の62.2％を占めている。

メディケイドを主とした
公的医療制度への加入者
は18.6％であり，個人で
保険を購入している者は
6.8％である。雇用主提
供医療保険に加入できず，
貧困や高齢を理由とした
公的制度の適用対象にも
ならず，さらに個人で保
険を購入しない者は，無

**図表6-5　非高齢者（65歳未満）の医療
　　　　　　保険加入先**

（単位：%）

	1987年	2006年
雇用主提供医療保険	70.1	62.2
個人購入保険	7.0	6.8
メディケイド	8.7	13.4
その他公的制度	5.5	5.2
無保険者	13.7	17.9

注：合計額が100％を超えるのは重複加入者の
　　存在のためである。
出所：長谷川（2010）47-48頁より筆者作成

115

保険者となる。無保険者は2006年時点で非高齢者人口の17.9％であり，4,650万人に達する。1987年時点の無保険者は非高齢人口の13.7％，2,950万人であったので，無保険者はこの間に大幅に増えたといえる。このような無保険者の増大は，アメリカの医療保障システムの欠陥として，また格差社会の象徴として注目されている。

アメリカにおける無保険者数の増大の主な要因としては，急速な医療費の高騰，経済のグローバル化による国際競争の激化，サービス経済化をあげることができる。[5]

第2次世界大戦後から1970年代頃まで，大企業を中心に持続的で安定的な経済的繁栄を謳歌していたアメリカでは，民間企業の多くが被用者に対して「気前のいい」医療保障を提供していた。例えば，繁栄の象徴であった自動車産業のGM社の社員や退職者は，1980年の時点で入院・手術や眼科・歯科をカバーする保険が提供され，基礎的な医療保険の保険料は雇用主が全額拠出していた。また，診療の際の自己負担額もほとんどなかった。これは，保険料を労使で折半し，診療の際には3割の自己負担を行う，今日の日本の公的医療保険と比べても相当に恵まれた保険である。

1980年代以降，医療費の高騰と国際競争の激化により，このような医療保障は雇用主にとって大きな負担となった。そのため多くの企業は，保険給付の対象となる医療サービスを制限し，保険料の本人負担や診療時の自己負担を引き上げて，医療費抑制策を実施した。

また，経済のグローバル化による国際競争の激化とそれにともなうサービス経済化により，雇用主提供医療保険に加入できる被用者

---

5) 以下，雇用主提供医療保険に関する記述は，主に長谷川（2010）に，オバマ医療改革については長谷川（2012）依拠している。

第6章　分権的な「小さな政府」と民間福祉

図表6-6　民間企業被用者の医療保険加入状況（業種別）

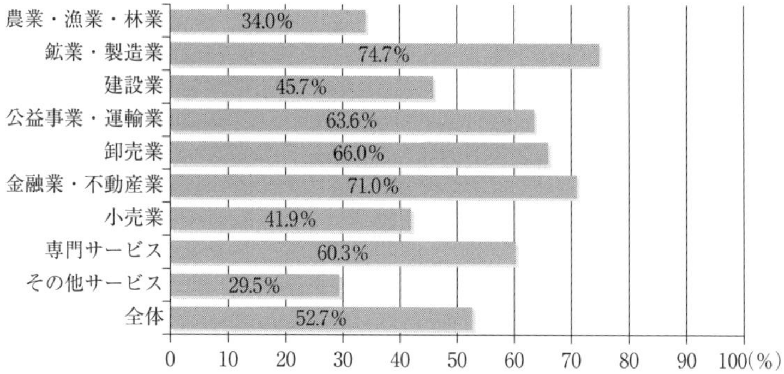

業種	割合
農業・漁業・林業	34.0%
鉱業・製造業	74.7%
建設業	45.7%
公益事業・運輸業	63.6%
卸売業	66.0%
金融業・不動産業	71.0%
小売業	41.9%
専門サービス	60.3%
その他サービス	29.5%
全体	52.7%

注：被用者を分母とする「被提供率」と，被提供者を分母とする「加入率」を掛け合わせたもの
出所：長谷川（2010）50頁より筆者作成

図表6-7　民間企業被用者の医療保険加入状況（企業規模別）

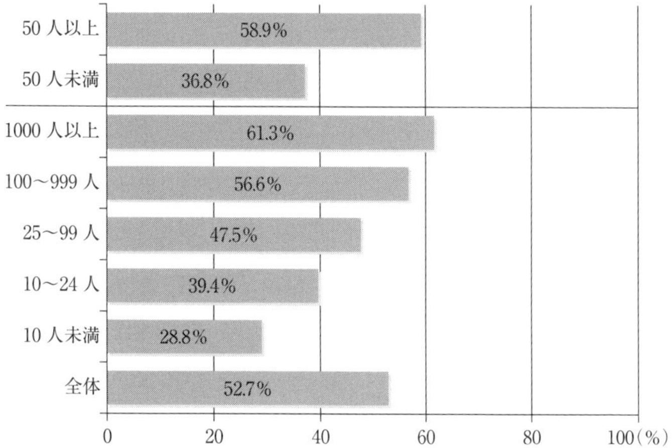

企業規模	割合
50人以上	58.9%
50人未満	36.8%
1000人以上	61.3%
100〜999人	56.6%
25〜99人	47.5%
10〜24人	39.4%
10人未満	28.8%
全体	52.7%

出所：図表6-6に同じ

の割合は減少している。被用者に占める雇用主提供医療保険への加入割合は，図表6-6が示すように，製造業で74.7％と最も高く，

また図表6-7で示すように，企業規模が大きければより高くなる。しかし，20世紀の終わり頃から，製造業で雇用される労働者の割合は減少の一途にある。アメリカの全雇用に占める製造業雇用の割合は，1970年には30.6％であったが，2010年には10.7％まで低下している。アメリカ産業の象徴であり，最大の雇用主でもあったGM社の従業員数も，1975年の61万人から2005年には14万人まで激減し，また2008年には経営破綻にまで追い込まれた。

21世紀の今日，アメリカ最大の雇用主の位置にあるのは小売業のウォルマートである。同社は強力な反組合政策と劣悪な労働条件で知られている。医療保険についても，パートタイム労働者には加入資格を得るまでに1年から2年の待機期間を設けたり，保険料や診療費への高い負担を求めたりした。2007年1月時点でウォルマートの被用者のうち実際に雇用主提供医療保険に加入している者の割合は48％である。ウォルマートを典型として，図表6-6でも小売業は，被用者に占める雇用主提供医療保険への加入割合が41.9％と低く，その他サービス部門では29.5％とさらに低い。また小規模企業では，医療保険を提供しない企業が数多く存在する。

1980年代以降，製造業からサービス業へと労働編成が再編された結果，非高齢者の雇用主提供医療保険への加入割合は，図表6-5が示しているように1987年の70.1％から，2006年には62.2％へと7.9％減少した。同時期に，無保険者は13.7％から17.9％へと4.2％も増えた。すなわち，無保険者は雇用主提供医療保険の縮小の産物ともいえるのである。

アメリカの無保険者問題は，「国民皆保険」体制が取られ，それにともない医療単価も低く抑制されている日本からは想像しがたい

第6章　分権的な「小さな政府」と民間福祉

現実である。Chap.6 コラム③が示すように，アメリカの無保険者にとって，怪我や病気にともなう高額の治療費は破産につながり，またそのための診療抑制によって死に至る場合も珍しくない。さらに，無保険者となるのは一部の貧困者だけではない。民間保険の保険料は年々上昇し，既往症のある加入者には高額の保険料が請求される。例えば，通常の保険料が月額 400 ドルの場合でも，かつて心臓手術を受けた者への保険料は倍の月額 800 ドル以上となることが

━━━━━ Chap.6　コラム③ ━━━━━

アメリカにおける医療費高騰と無保険者問題

　雇用主提供医療保険に加入するある電気会社の技師ホセは，2005 年に急性虫垂炎のため手術を受け一日入院した。その治療費は 12,000 ドルと高額であった。日本で盲腸の手術を受けた場合，2007 年時点での治療費は 64,000 円であり，一日当りの入院費は 12,000 円程度である（堤 2008）。日本では，盲腸手術と 4，5 日の入院費などを多く見積もっても 20 万円以下であり，仮に無保険でもこれを全額負担すればよいことになる。しかしアメリカでは，仮にホセが無保険者であったならば，10,000 ドル以上の治療費を全額自己負担するだけではすまない。保険加入者には治療費などが半額程度割引されているのが通例である。そのため，ホセが無保険者であればその支払いは恐らく 20,000 ドルを超えることになる。実際 2000 年の調査ではニューヨークやロサンゼルスにおける盲腸入院手術（一日）の平均費用は 200 万円程度とされる。このような医療費の支払いのため自己破産に陥る人は数多く，保険加入者であるホセでさえ，その一人であった。また，こうした医療費の高騰が人々を死に追いやることもある。医療保険に加入できないことを理由に命を落とすアメリカ国民は毎年およそ 1 万 8,000 人に上っているとされる（エーレンライク 2009）。

ある。アメリカでは，雇用主から医療保険が提供されなければ，中流階層であっても健康の履歴と状態次第では容易に無保険者となり，医療費の高額請求や医者にかかれないことによる死のリスクが付きまとうのである。

　2009年に誕生したオバマ民主党政権は，無保険者問題を主要な政策課題とし，2010年3月には包括的な医療制度の改革法を議会で通過させた。その主な内容は，第1に国民の医療保険加入の義務化，第2に雇用主への医療保険提供の促進措置，第3に貧困者向けの医療扶助であるメディケイドの拡大，第4に無保険者の医療保険へのアクセスを高める制度の整備と規制であった。

　雇用主への規制を強化し，メディケイドを通して連邦支出を拡大させるオバマ政権の医療制度改革は，「小さな政府」と個人や企業の自由の観点から批判され，統制的な「医療社会主義」とさえ言われた。しかし，それは新しく公的医療保険を生み出すものではなく，日本やその他の先進国のような公的保険を中心とした「皆保険体制」を実現させるものでもない。それは民間中心の医療保障システムを前提に，そのアクセスへの拡大を促し，その不足分を補うために公的制度を補強するだけのものである。

　アメリカ医療保障システムは，今後も雇用主提供医療保険を主軸とすることに変わりなく，無保険者のほかに民間保険が抱えるさまざまな問題も，アメリカ社会の重要な課題として残されるであろう。

　〔本章の執筆分担は，根岸が第1節・第2節，吉田が第3節である。〕

第7章 クリエイティブ産業論と芸術文化の活用

（渋谷 博史）

7-1：労働編成の変化とクリエイティブ産業論

　第1章でみたように，アメリカの労働編成はますますサービス業に傾斜しており，しかも低賃金の職種が増加して，グローバル化の中で進行する産業の空洞化にともなう製造業からの労働者の移動の受け皿になっている。さらに，労働市場に参入すべき若年層にとっては，IT化やグローバル化の中で変貌するサービス業で働ける技能を習得する必要があり，同様のことが，途上国からアメリカン・ドリームに引きつけられて流入し続ける新移民にも当てはまる。

　冷戦の終結やIT革命という状況で加速するグローバル化，世界全体の構造変化の中で，その変化の回転軸となるアメリカは，自らの国内の経済社会も猛スピードで変化し，転換が進んでいる。そのアメリカ国内の変化に，それぞれの個人がついていかなければ，就労や生活の場所がなくなるのであり，そういう意味でアメリカの競争社会はいっそう厳しくなっている。

　そのような状況を理解するために，フロリダ教授によるクリエイティブ産業やクリエイティブ・クラスの所説は有用であるとされる。ここでは，フロリダ教授の代表的な著作，フロリダ（2002）を使って，その所説を紹介したい。[1]

フロリダ教授によると，クリエイティブ・クラスとは，スーパー・クリエイティブ・コア（核となる芸術文化関係等）に，クリエイティブ・プロフェッショナルを加えたものである（フロリダ　2002，86頁）。

　スーパー・クリエイティブ・コアの具体的な職業は，科学者，技術者，大学教授，詩人，小説家，芸術家，エンタテイナー，俳優，デザイナー，建築家，思想家，ノンフィクション作家，編集者，文化人，シンクタンク研究員，アナリスト，オピニオンリーダー，ソフトウエアのプログラマーないし技術者，映画製作者などである。また，クリエイティブ・プロフェッショナルとは，「特定の問題解決のための複雑な知識体系を武器に問題解決に当たるが，それには通常，高等教育が必要であり，そのために高度な人的資源を必要とする」とフロリダ教授は定義づけており，具体的には，ハイテク，金融，法律，医療，企業経営など，さまざまな知識集約型産業で働く人々である。

　おそらく，クリエイティブ・プロフェッショナルが「複雑な知識体系を武器に問題解決」をする能力を会得するプロセスで，スーパー・クリエイティブ・コアがアメリカ社会にもたらす知的刺激が有用であることも前提になっていると思われる。そして，フロリダ教授は，クリエイティブな「活動を中核として取り巻く経済基盤全体を構築すること」が現在の大転換の実質的な内容であると考えているようである。

---

1)　R. フロリダ（井口典夫訳）『クリエイティブ資本論』（The Rise of the Creative Class, 2002：翻訳書は2008年，ダイヤモンド社）。なお，本稿におけるフロリダ教授のクリエイティブ・クラス論の紹介は，渋谷博史（2011）における詳細な検討を要約したものである。

第 7 章　クリエイティブ産業論と芸術文化の活用

　ところが実際には，本書第 1 章の図表 1-4（サービス業就業者の内訳）と図表 1-5（業種別の時給水準）でみたように，サービス業の中で，クリエイティブ・クラスに分類される専門的な職種（会計財務，弁護士，医師，情報関連）よりも，低賃金で低技能の補助的な職種（警備員，さまざまなメンテナンス，掃除，介護等）や，レジャー・ホテル・飲食関連の職種の方が，大きな比重を占めている。

　その点に関して，フロリダ教授は，経済構造の大転換をもたらす高技能のクリエイティブ・クラスと明確に区別する形で，「クリエイティブ・クラスは十分な報酬を得て不規則な長時間労働をして」おり，「自分たちの世話をしたり，雑用をこなしてくれる，末端サービス労働者の大きなプールを必要としている」ので，サービス・クラスは「クリエイティブ経済の需要に呼応して成長した部分が大きい」と説明しているのである（フロリダ　2002, 88 頁）。

　たしかに，サービス業の中には，クリエイティブ・クラスの「世話」や「雑用」のための職種もあるが，それ以上に注目されるのが，前出図表 1-4 のある保健・社会サービスである。それは，人口の高齢化による医療サービスや介護サービスの増大によるところが大きい。人口高齢化は，一方で，第 6 章でみたようにアメリカの医療費を膨張させるが，他方では，医療サービスや介護サービスの需要を増加させ，アメリカの労働編成における構造変化の大きな要因となっている。

　アメリカ経済社会においてサービス化からクリエイティブ経済化への転換が不可逆的に進行する中では，フロリダ教授の理想論のように社会全体がクリエイティブ・クラスにはなれないと思われるが，とりあえず，クリエイティブ・クラスに先導される経済発展の中で，

123

サービス・クラスの就労機会が増加するので，貧困者や失業者への就労支援策では，そのサービス部門への就労を目標とする方が現実的であろう。

実際にアメリカで実際に展開される雇用創出策をみると，クリエイティブ・クラスを目指すものよりも，クリエイティブ産業の拡大にともなうサービス部門の拡大に焦点を当てているものが大半である。節をあらためて詳しく検討しよう。

7-2：福祉と就労支援における芸術文化の機能

ここでは，上述のフロリダ理論におけるスーパー・クリエイティブ・コアの知的刺激効果という抽象的な概念を，具体的に，福祉と就労支援における芸術文化の機能という次元で把握しよう[2]。

この次元において芸術文化には2つの機能がある。第1は，貧困者・失業者・低所得者に就労機会を創出することであり，第2は，その就労機会を獲得する能力開発の手段となることである。

全米知事協会研究員のソマシアン氏によれば，第1の就労機会創出策として，各州で以下のような多様な政策が実施されている（U.S. House, Committee on Education and Labor 2009, pp.40–45）。

第1は，クリエイティブ経済部門の事業への直接的な支援である。例えば，ノースカロライナ州では，州政府の補助金も導入して，①工芸職人による製品開発の奨励，②芸術家向けの事業計画やマーケティングや経営技術の研修会，③観光のためのキャンペーン（320

---

2) 本節は，渋谷博史（2011）で詳細に検討した議会証言の一部をもとにして，大きく加筆修正したものである。

第 7 章　クリエイティブ産業論と芸術文化の活用

人以上の地域芸術家と工芸品生産者と B&B と農業ツアーとレストラン等の連携事業）が実施された。すなわち，伝統的な工芸職人から現代的なビジネス事業体への脱皮を支援するものといえよう。

　第 2 は，大学との協力事業で，クリエイティブ産業部門の労働者を育成するプログラムである。例えば，コネチカット州では，Middlesex Community College や Norwalk Community College や Quinnipiac University に Connecticut's Film Industry Training Program がある。新しい IT の技術革新を取りこんだ映像芸術，映像産業で就労できる技能の修得を目的としている。

　第 3 はビジネスへの芸術家の活用である。例えば，カリフォルニア州では，州立大学のカリフォルニア大学サンタクルズ校が地元産業やサンタクルズ市と共同で Santa Cruz Design + Innovation センターを設立したが，その目的は，地域に住むデザイナーを製品デザインに活用し，またそういう地域全体として特徴を生かして新しく企業を誘致することであった[3]。

　第 4 は芸術文化の地域コミュニティ計画への活用である。例えば，メリーランド州では，「芸術文化・エンタテイメント地区」を指定して，①芸術文化関連施設には財産税（地方政府の税）の税額控除を与え，②娯楽・エンタテイメント税（州税）を免税とし，③指定地域の芸術家による芸術作品の販売代金に対する所得税の優遇措置を設けた。これは，上記のようなビジネス事業体への支援から，芸術文化を軸とする地域経済全体の活性化に発展する方向性を示している。

3）　例えば，ニューヨークのブロードウエイの劇場街の存在が，俳優や音楽家や大道具・小道具や演出家という演劇関係の分厚い人材の蓄積をもたらすので，ニューヨークにテレビ関係，映画関係のビジネスが集中するという効果がある。同様に IT 関連の人材の集積がいっそう IT 関係企業の立地を誘導することもある。

第5は芸術文化遺産と芸術文化活動の活用による観光業の振興である。例えば，ニューメキシコ州の New Mexico Fiber Arts Trails は，州政府と織物芸術家団体の協力による事業であり，ニューメキシコ特有の芸術文化活動と結び付けて観光を振興するものである。これも，メリーランド州の事例と同様に，地域経済の活性化に芸術文化志向の観光を活用するものである。

　以上みたように，アメリカの広大な国土の中で，多様に存在する芸術文化的な資源を，現代のクリエイティブ産業に育成して，各地域の経済社会の活性化，再建に生かそうとする試みが進んでいる。

7-3：能力開発プログラム
　　　─ブロンクスのポイントの事例

　本書の序章の冒頭で紹介した映画「メイド・イン・マンハッタン」の主人公（現代のシンデレラ）であるマリサは，ニューヨーク市内の貧困地域であるブロンクスに生まれ育ったヒスパニックであり，自分自身はシングル・マザーとして一人息子を育てながら，マンハッタンの高級ホテルのメイドとして勤務していた。

　おそらく，ブロンクスの劣悪な環境の中で，アメリカ経済社会の「格差の階段」を上るために，与えられた教育機会をつかんで基礎的な技能を身につけたと想像される。マンハッタンの高級ホテルでマネージャー職への昇進のチャンスをつかむほどに高い評価を得るには，ベッド・メイキング等の技術だけではなく，人間としての信頼感を得ることも必要であろう。

　ブロンクスの劣悪な社会環境の中で，「信頼される人間」を育成

第 7 章　クリエイティブ産業論と芸術文化の活用

するために地域コミュニティはいかなる手段を講じたのであろうか。そういう問題意識から，ブロンクスで芸術文化活動を通して青少年育成プログラムを展開する成功例として有名なポイントというNPO を取り上げて検討したい。

　まず，ブロンクスの社会環境をみておこう。

　第 1 に連邦政府のセンサス局の資料によれば[4]，ブロンクスの人口は 139 万人（2010 年）であり，その中で白人，黒人，ヒスパニック系の比重はそれぞれ 45.9％，43.3％，53.8％である[5]（2011 年）。ニューヨーク州全体の比重が 71.5％，17.5％，18.0％であることと比較して，ブロンクスは非白人が 5 割を超え，しかもヒスパニック系が顕著に多いことがわかる。ヒスパニック系の家庭内では概して英語よりもスペイン語で会話することが多く，同資料によれば，「家庭内で英語以外で会話する」家庭の比重は 6 割近くある。また，初等中等教育の段階でドロップアウトする可能性も高く，25 歳以上の年齢階層の中で高校卒業以上の教育歴がある者の比重は，ブロンクスが 69％であるのに対して，ニューヨーク州全体では 85％であり，また大学卒業以上の教育歴の比重でもブロンクスが 18％，ニューヨーク州全体が 33％である。

　アメリカの場合，教育歴と所得水準に明確な関係があり（渋谷2010，65 頁），ブロンクスにおける教育歴の低さから所得水準が低いことが予想されるが，実際にも人口一人当たり所得（2011 年）が

───────────────

4)　http://quickfacts.census.gov/qfd/states/36/36005.html
5)　ヒスパニック系は中南米からの移民あるいはその子孫であり，この資料によれば，白人の中でヒスパニック系でない者の比重が 11.2％なので，上記の白人の 45.9％からそれを差し引いた 34.7％が，ヒスパニック系の白人となる。さらに，それをヒスパニック系の 53.8％から差し引いた 19.1％がヒスパニック系の黒人になる。

127

ブロンクスでは1.8万ドルであるのに対して，ニューヨーク州全体では3.2万ドルである。

このような環境の中で，南ブロンクスのハントポイント地区で「NPO ポイント」が展開する青少年育成プログラムは，以下の内容である[6]。青少年育成プログラム（Youth Development Program）は，初等中等教育の1〜12年生（日本流にいえば，小学校，中学校，高校）に対して，「放課後」クラスや「夏休み」クラスを提供している。道徳ベース（justice-based）の芸術活動や学習活動を通して，若年世代に，学術，初歩技能とともに「前向きな社会性（positive social development）」を会得させることを目的としている。

第1に，「放課後」クラスでは，9月から6月までの学期中に，安全で教育的でクリエイティブな環境を提供する。①「宿題支援」では15名以内のグループに対して2名の支援教師をつける。②「読み書き教室」では，読書や朗読や討論やゲームを通して，英語の言語能力を向上させる。

第2に，「総合芸術活動」クラスは，演劇や音楽や写真やサーカスや絵画等の芸術鑑賞や芸術活動を通して，青少年の人格形成や成績向上につなげることを目的とする。

第3に，「環境教育」クラスや「地域コミュニティ活動家養成」クラス等では，南ブロンクスのハンツポイント地区におけるコミュニティ活動で主体的に関与できる能力を獲得させることを目的とする。

第4に，専門家による詩作や朗読やヒップホップや舞踊の上級の授業があり，さらに興味深いことに，それが同時に大学入学対策となるようであり，「大学準備」クラスとしても活用されている。

---

6) NPO ポイントのホームページ（http://thepoint.org/index.php）

第5に，HIV 対策等の「性教育」クラスもあり，そのような実際的な内容のクラスを通して，前向きの社会性のある人格形成にもつなげようとする意図が読み取れる。

次に NPO ポイントの財務構造をみておこう。まず図表7-1 の貸借対照表（2010 年12 月末時点）でストック面をみよう。

第1に，資産合計が57.1 万ドルであり，負債が39.4 万ドルなので，純資産が17.7 万ドルとなる。

第2に資産の内容を

図表7-1　NPO ポイントの財務構造（貸借対照表）

（2010 年 12 月末，ドル）

資産		
現金		99,543
未収金		74,755
設備	107,675	
建物	416,751	
建物改造分	383,416	
土地	45,000	
小計	952,842	
累積減価償却	− 555,820	
純計		397,022
資産合計		571,320
負債及び純資産		
負債		
未払金	55,248	
借家人保証金	8,125	
借入	29,000	
モゲイジ借入	301,555	
小計		393,928
純資産		177,392
負債及び純資産合計		571,320

出所：ポイントのホームページより作成。

みると，設備が10.8 万ドル，建物が41.7 万ドル，建物改造分が38.3 万ドル，土地が4.5 万ドルで不動産関係の合計が95.3 万ドルとなるが，その中ですでに減価償却しているのが55.6 万ドルもあり，純計が39.7 万ドルである。それに現金1.0 万ドルと未収金7.5 万ド

図表 7-2　NPO ポイントの財務構造（損益計算表）

（2010 年，ドル）

収入		
補助金・助成金		
民間財団等	474,840	
連邦補助金	277,500	
州・地方補助金	96,584	
小計		848,924
寄付金（企業及個人）		113,570
賃料		102,847
利子配当		338
保険金受取		15,426
事業収入		33,822
収入合計		1,114,927
支出		
プログラム事業経費		878,827
間接的経費		
管理的経費	195,045	
資金集め経費	84,788	
小計		279,833
支出合計		1,158,660
収支		− 43,733

出所：ポイントのホームページより作成。

ルを加えて，資産合計が 57.1 万ドルとなる。

第 3 に負債 39.4 万ドルの内容をみると，モゲイジ借入の 30.2 万ドルが主要項目となり，それは，上記の不動産関係の資産を取得するための不動産担保の借入である。

すなわち，以上の貸借対照表の検討から，建物等の固定資産と，その取得のための不動産担保借入が，NPO ポイントの財務構造のストック面の基本であることがわかった。

次に図表 7-2 で損益計算書をみよう。

第 1 に，収入合計が 111.5 万ドルであり，支出合計が 115.9 万ドルなので，収支は 4.4 万ドルの赤字となっている。図表 7-1 で 2010

第7章　クリエイティブ産業論と芸術文化の活用

年末時点の純資産が 17.7 万ドルであったことから，前年末の純資産が 22.1 万ドルであり，そこから取り崩して赤字分の 4.4 万ドルを賄ったので，2010 年末時点の純資産が 17.7 万ドルになったという経緯が読み取れる。

　第 2 に，収入の内容をみると，民間財団等からの助成金が 47.5 万ドル，連邦政府からの補助金が 27.8 万ドル，ニューヨーク州およびニューヨーク市からの補助金が 9.7 万ドルであり，それらの助成金・補助金の小計は 84.9 万ドルとなり，収入に占める比重を算出すると 76% になる。

　第 3 に，企業および個人の寄付金は 11.4 万ドルであり，それを上記の助成金・補助金の小計 84.9 万ドルに加えると，助成金・補助金・寄付金の合計は 96.3 万ドルとなる。それが収入全体に占める比重を算出すると 86% になる。すなわち，NPO ポイントの収入はほとんどが，直接的に事業から発生するものではなく，民間財団や政府部門や企業や個人から提供される資金であり，それを使って，後述するようなハンツポイント地区の再活性のためのさまざまな事業・展開されていることがわかる。

　第 4 に，プログラム事業からの収入（切符や物品の販売等）は 3.4 万ドルであり，収入全体の 3% にすぎない。また，特徴的なのは賃料（上記の所有する建物を地域の再開発にかかわるプロジェクト等に貸している）がプログラム事業収入の 3 倍近くもあり，10.3 万ドルであるが，それにしても収入に占める比重は 10% 弱であることである。

　第 5 に，支出の内容をみよう。さまざまなプログラム事業を実施するための直接的な経費が 87.9 万ドルであり，それを支える間接的経費が 28.0 万ドルである。間接的経費の中で管理的経費 19.5 万

131

ドルはプログラム事業を支えるためのものであり，資金集め経費8.5万ドルは上記の主たる収入項目である助成金や補助金や寄付金を獲得するための活動経費である。

さらに図表 7-3 で支出の詳細にたちいってみよう。

第 1 に，プログラム事業経費 87.9 万ドルの中では，給与賃金40.8 万ドルと社会保障税（連邦政府所管の基礎年金と高齢者医療保障メディケアの社会保険料の雇用主負担分）4.1 万ドルと被用者福利（主として雇用主提供医療保険の雇用主負担分と思われる）4.4 万ドルという NPO ポイント内部の被用者の人件費が 49.4 万ドルと大きく，プログラム事業経費の 56％を占めている。

第 2 に，さらに「プログラム事業の謝金等」8.3 万ドルや「専門家の謝金等」1.5 万ドルや「プログラム事業の外部委託費」3.1 万ドルの外部の人件費の合計が 12.9 万ドルとなり，それを上記の内部人件費 49.4 万ドルに加えると 62.3 万ドルになり，プログラム事業経費の 71％を占めることになり，NPO ポイントのプログラム事業は労働集約的な構造であることがわかる。

第 3 に，間接的経費の管理的経費と資金集め経費の中でも，内部の人件費である給与賃金や社会保障税や被用者福利が中心であり，管理的経費 19.5 万ドルの中で内部人件費 15.7 万ドルが 81％を占めており，資金集め経費 8.5 万ドルの中で内部人件費 8.4 万ドルが98％を占めている。したがって，NPO ポイントの 2010 年の総支出115.9 万ドルの中で，内部人件費が 73.4 万ドルであり，比重を算出すると 63％になり，それに外部人件費（プログラム事業の謝金等，専門家の謝金等，プログラム事業の外部委託費等）の 13.1 万ドルを加

132

第7章　クリエイティブ産業論と芸術文化の活用

図表7-3　NPOポイントの支出の詳細　(2010年, ドル)

	プログラム事業経費	間接的経費		計
		管理的経費	資金集め経費	
給与賃金	408,391	129,553	68,526	606,470
社会保障税	41,102	13,039	6,897	61,038
被用者福利	44,787	14,207	7,515	66,509
プログラム事業の物品等	57,751	4,875	0	62,626
修理維持費	30,924	5,259	0	36,183
賃貸関連費	52,195	9,345	161	61,701
通信費	6,641	2,107	1,114	9,862
郵便等	1,081	343	181	1,605
印刷費	1,235	0	0	1,235
プログラム事業の謝金等	83,390	0	0	83,390
専門家の謝金等	14,535	2,565	0	17,100
プログラム事業の外部委託費等	30,933	0	0	30,933
プログラム宣伝費	1,268	0	0	1,268
保険料	25,772	1,335	0	27,107
旅費	1,573	0	0	1,573
その他費用	300	0	0	300
諸料金	10,142	916	394	11,452
レンタル設備等	11,235	1,983	0	13,218
支払利子	26,794	4,439	0	31,233
減価償却費	28,778	5,079	0	33,857
計	878,827	195,045	84,788	1,158,660

出所：ポイントのホームページより作成

えると86.5万ドルになり，総支出の75％になる。

　第4に，図表7-1をみると，全米的にみてかなりの貧困地区ブロンクスのハンツポイントで，低価格（4.5万ドル）の土地に建てら

れていた老朽化した建物を 41.7 万ドルで購入し，38.3 万ドルをかけてリノベーションをして，さらにさまざまなプログラム事業に必要な 10.8 万ドルの設備を購入したと考えられる。ちなみに，ポイントという NPO が設立されたのが 1994 年であり，その青少年育成プログラムについて，ニューヨーク市内の草の根的な社会活動に与えられる Union Square Award が 1998 年に授与されているので，1995–96 年の頃に土地建物購入とリノベーションとプログラム事業の開始があったと思われる。

　第 5 に，図表 7-1 の建物・設備等の固定資産の総額が 95.3 万ドルであり，それからすでに減価償却した分 55.6 万ドルを差し引いて，現在時点の固定資産価値 39.7 万ドルを算出しており，当初 95.3 万ドルで購入した固定資産の価値の内の約 6 割を減価償却したことになる。図表 7-3 の最下欄にある減価償却費の 3.4 万ドルで上記の固定資産の当初価値と減価償却分と現在価値を除すると，それぞれ，28 年と 16 年と 12 年になる。

　そして，第 6 に，おそらくそれに見合う形で当初のモゲイジ借入も償還されたはずである。

　以上の財務面の検討から，NPO の活動において，その活動費用の多くは，民間財団からの助成金や政府部門の補助金であることがわかった。それを建物・土地の借入金の返済に充てることは許されないので，ほとんどが，労賃や謝金という人件費を中心に使われたはずである。おそらく，賃料や事業収入から借入金の返済に充てられたと思われる。

　また，貧困地域であるが故に，個人の寄付金は多くを期待できず，

第 7 章　クリエイティブ産業論と芸術文化の活用

無償あるいは安価に芸術文化の鑑賞や教室を提供することがNPO
ポイントの使命であり，事業収入も限られている。貧困で荒廃した
地域の再生に有用なNPOの活動であるので，政府部門の補助金を
受ける正当性を有するといえるが，むしろ民間財団からの助成金の
方が大きな比重を占めている。

そこにアメリカ・モデル経済社会の大きな特徴を，すなわち，第
6章で提示されたアメリカ・モデルの福祉国家の基本構造（地域の
民間NPOの活動を主体として，それを政府部門が支援するシステム）
を読み取ることができる。

第7章では，20世紀末からのグローバル化のもとで進行するア
メリカ経済社会の大転換を，フロリダ教授のクリエイティブ産業論
の切り口から検討した。アメリカ内部の産業構造や労働編成の大き
なトレンドを見極めながら，新しく労働市場に流入する若年層や新
移民は，職種を選択したり，そのための技能を習得することになる。
上にみた各州政府による多様な産業振興策や就労支援策においても，
また劣悪な初期条件であるブロンクスの貧困地域における教育支援
事業でも，クリエイティブ産業論やクリエイティブ・クラス論と整
合するような形で，芸術文化を活用している。

しかも，アメリカ経済社会は「内なるグローバル化」といえるほ
どに，世界中から多様な人種・民族が集まって形成されてきたし，
また現在も流入し続けているので，それぞれの地域やコミュニティ
の独自性を活かした芸術文化の活用が必要であると同時に，有効で
ある。そのことは，また，芸術文化の活用の事業の運営についても，
地域コミュニティを基盤とする分権的な仕組みを可能にすると同時

135

に，その方が有用であると考えられる。

　一般にイメージされる冷酷なほどに厳しい競争を軸にするアメリカ経済社会は，他方では，このような地域コミュニティを基盤とするNPOの事業によって支えられており，それが，アメリカ経済社会における見逃せない特質といえよう。逆にいえば，非市場的で人間的な仕組みで支えられることで，厳しい競争メカニズムを人間社会の軸に据えることが許容できるのかもしれない。

アメリカ・モデルと資源制約

（渋谷 博史）

日本がアヘン戦争や黒船に驚いて開国をしながら，中央集権的な政府を構築していた 19 世紀中葉に，アメリカは南北戦争によって統一国家を再建しながら，西に向かって国家，社会を拡張していた。

映画「ダンス・ウイズ・ウルブズ」（監督・主演ケビン・コスナー）は，19 世紀後半にアメリカが現在の面積を実質的にひとつの国家として統一するプロセスにおける暴力的な特徴を，人間や自然に視点をおいて描く作品である。本書の冒頭で提示したアメリカ・モデル（市場と民主主義の経済社会）が外延的に展開する時に，外側の人間や自然に破壊的な暴力を行使して制圧しながら，受容させることもある。

その映画が公開された 1990 年は，冷戦終焉後の「アメリカの一人勝ち」状態の世界が確立される時期であった。すなわち，1989 年の「ベルリンの壁」の破壊，1991 年のソ連の崩壊，1990〜91 年の湾岸戦争をへて，東西対立の冷戦体制からアメリカが唯一の大国になる冷戦終焉後の世界システムに転換しつつあった。ケビン・コスナーが冷戦終焉後のアメリカの世界政策と関連付けていたかはともなく，我々にとって含蓄の深い映画である。

黒人奴隷を人間として扱うのか否かを争点とする南北戦争（1861〜65 年）は，黒人奴隷を人的資源として投入することで成り立つ綿花農園を経済的基軸とする南部 6 州のアメリカ連合国と，工業化の

進んだ北部に基盤を置く連邦政府の戦いであり，周知のように，リンカーン大統領の連邦政府が勝利して法制度として黒人奴隷は解放されることで，アメリカの統一国家としての統治は回復した。

それに平行して，同時期にアメリカ連邦政府は大陸横断鉄道の建設を推進した。1862年に太平洋鉄道法が成立し，連邦政府の支援の下，1869年に大陸横断鉄道が開通した。それは，その後のアメリカ経済の発展を可能にする基本的なインフラの形成であるが，他方で，平原で暮らしていた先住民族（スー族等）に対する暴力的な制圧をともなうものであった。大陸横断鉄道は観光客を運ぶだけのものでなく，アメリカ東部やヨーロッパを市場とする農業，牧畜業のための運搬手段であり，また逆方向に，その農業生産地に対する工業製品の搬入手段でもあった。

すなわち，世界的な資本主義的市場システムに連動する経済社会が大西部に展開するのであり，それ以前から存在したアメリカ先住民の社会を制圧することになる。ヨーロッパ諸国が帝国主義的にアジアで展開した植民地政策以上に無茶な形でアメリカ先住民の社会・文化・宗教が破壊された。大陸横断鉄道の建設の邪魔になるとして，先住民族社会の物資的基礎であったバッファローを大量に殺したそうである。以上の知識を前提として，映画「ダンス・ウイズ・ウルブズ」にもどろう。

南北戦争における功績で次の任地を選べることになったダンバー中尉（主演ケビン・コスナー）は，フロンティアの砦を選んで赴任する。その地の大自然の中で，アメリカ連邦軍の軍人を辞めて，野生の狼やバッファローや，先住民族（スー族）と暮らすようになる。いわば，19世紀中葉に北アメリカ大陸の中央部でアメリカ・モデ

終章　アメリカ・モデルと資源制約

ルの経済社会が軍隊と鉄道を道具として強烈に展開する時代に，ダンバー中尉は，そのアメリカ・モデルの外側に身を置いて，そのアメリカ・モデルの市場と民主主義の経済社会が建設される前提条件として，拡張の最前線であるフロンティアにおいて暴力的な制圧が行われるプロセスを目撃，体験するのである。1950年代，1960年代に世界中の映画館で植えつけられた，ジョン・ウェイン等の演じる「正義の騎兵隊」によって退けられる「悪役のインディアン」のイメージは，アメリカ・モデルの内側からみるアメリカ・モデルの展開プロセスの正当化であった。

　映画「ダンス・ウイズ・ウルブズ」のダンバー中尉は，それを，フロンティアの外側から客観的に問い直すのである。21世紀初頭に，アメリカ・モデルのグローバル化が本格化する時代にとって，実に示唆に富んでいるといえよう。

　さて，アメリカ・モデルのフロンティアにおける暴力的なプロセスをくぐって内部に入ると，19世紀と20世紀のアメリカ・モデルでは，右肩上がりの経済成長による大衆的で物質的な「豊かな社会」が用意され，自由と民主主義の基盤となるという仕組みであった。本書の序章で紹介したアメリカ・モデルがしみ込んだ映画も楽観的である。映画「メイド・イン・マンハッタン」では，ジェニファー・ロペスが演じるマリサという名のメイドが，一度の挫折を乗り越えて仕事に精進することで，愛も復活するというハッピーエンドであり，映画「ジョンQ」でもデンゼル・ワシントンが演じるジョン・Qの息子の心臓手術の願いは叶えられる。もっと楽観的なのは映画「麗しのサブリナ」である。ハンフリー・ボガードが演じるララビー社長が，オードリー・ヘプバーンが演じるサブリナと

139

の恋の成就を優先して，国際的合弁事業のための政略結婚を破棄してロンドンへの旅に出かけるが，弟が代わりに政略結婚するという形で解決される。

これらの楽天的な結末が可能になるのは，20世紀の右肩上がりの経済成長を基盤とするアメリカ・モデルに経済的な余力があったからであろう。しかし，21世紀には先進国の高齢化，新興国の爆発的な経済発展等による地球規模の資源制約が目の前に見えている。物質的な「豊かな社会」の中で自由主義的な民主主義と人間的な幸福を実現するという20世紀型のアメリカ・モデルが困難になっている。

20世紀に開発された高度な技術力を活用して，20世紀に忘れた人間性を取り戻す形で，資源制約の中での幸福を見つける方法を模索するしかない。右肩上がりの経済成長という「打ち出の小槌」を使った，20世紀型の「ばらまき的」な民主主義メカニズムが無理になったので，それぞれの地域や民族に内在する基盤の上に人間的な生き方を再構築するために，新しい経済社会モデルを形成すべき時期にある。

20世紀の価値基準である経済成長と豊かさに限界が出たときには，すなわち，市場経済の外延的拡大に限界が生じたのであれば，価値基準を縮小と質素に切り替えて，新しいアメリカ・モデルを形成すればよい。

そのヒントになりそうなエピソードを紹介しよう。場所はニューヨークのブルックリン地区にある福祉事務所であった（砂金　1997，第1章）。

終章　アメリカ・モデルと資源制約

　アメリカの「豊かな社会」における「福祉依存症」的な受給者が，住宅扶助を家賃支払いに当てずに無駄な消費に回した案件に関連して，家主であるユダヤ系のリンデンバン氏とソーシャルワーカーのイサゴ（砂金玲子）氏の会話である。リンデンバン氏は，第2次世界大戦中にナチスの収容所で「銃を突きつけられてのあの苦しい重労働」や「体にしみこんで，ぬぐってもぬぐっても，ぬぐい切れないあのすさまじい空腹感，恐怖感」を経験した後，アメリカに渡り，「働いたものは全部自分のものになる苦労」をして「今のようなアパートの建物を一つずつ買い始めた」というアメリカン・ドリームを語った。そして，それと比べて，「福祉依存症」的な受給者について次のように批判する。「こんなに多くの機会がたくさんある所なんて，世界中探しても探すのは難しい。この国に生まれていながら頭も手も使わず，ただごろごろ遊ぶことばかり考えたり，……大変な怠け者が揃っているのはむしろ，不思議な気がします。」

　良く考えると，アメリカ・モデルに正当性を与えるのは，物質的な「豊かな社会」ではなく，ナチスに象徴される暴力による自由の剥奪に対するアンチテーゼである。銃を突きつけられての重労働が空腹感と恐怖感しか残さなかったという原風景に対して，アメリカ・モデルでは，たくさんの機会の中から，「働いたものは全部自分のものになる苦労」を自由に選択できるのである。

　さて，ソーシャルワーカーであるイサゴ（砂金）氏の回顧は続く。「友人のドイツ人は毎日毎日，ライブレッドとチーズ2枚のサンドイッチ，そして小さなりんご一個，それに湯を自分で沸かして入れるティーバッグ1枚のお茶がランチだった。しかも1年続けて同じメニュー。……しかし，これらの人々が貧困だとはちょっと，言い

141

がたいものを感じさせる。彼らは豊かではない。貧しい。しかし，その生活態度というものは，基本的な教育がなされ，礼節があり，知的生活に基づいた精神的なものなのである。」

　すなわち，砂金氏は，アメリカ的な「豊かな社会」を前提とするような 20 世紀的な福祉国家に疑問をもち，物質的には質素で，「礼節があり，知的生活に基づいた精神的」な生活をベースとする自由社会を対極に置くのである。

　アメリカ・モデルの表現の仕方を，20 世紀の「豊かな社会」パターンから，21 世紀の「ライブレッドのランチ」パターンに代えることが可能であろうか。[1]

---

1)　20 世紀の「豊かな社会」と 21 世紀の資源制約の強まる社会という大きな歴史的
　文脈については，渋谷博史（2005）『20 世紀アメリカ財政史』全 3 巻（東京大学出
　版会）を参照されたい。なお砂金氏の回顧の部分は，その第 3 巻終章における考察
　部分を短縮したものである。

あとがき

　アメリカの首都ワシントンに出張すると，必ず，ナショナル・モール（National Mall）に出かける。連邦議会の西側，ホワイト・ハウスの南側に広がる大きな芝生の公園である。お気に入りの場所は2つある。

　第1は，その公園のまん中にあるワシントン・モニュメントという塔のすぐ下であり，少し盛り上がった丘のようになっている場所である。そこから東側に連邦議会が，北側にホワイト・ハウスが見渡せる。要するに，ワシントン・モニュメントが直角にあたる三角形の他の2つの角がホワイト・ハウスと連邦議会であり，それらの角を結ぶ長辺がペンシルバニア通りである。日本のニュースでワシントン特派員が実況に使う場所は，そのペンシルバニア通りのまん中あたりに立って背景に連邦議会を写せるポイントであるが，私（渋谷）が好きなので，ワシントン・モニュメントの真下の丘に立って，ホワイト・ハウスと連邦議会を交互に眺めるポイントである。

　何年か前，そこに立って楽しんでいると，おのぼりさんのアメリカ人夫婦が，小汚い格好のアジア系のお爺さんに，どっちがホワイト・ハウスかと聞いてきた。もちろん私は親切に教えてあげたが，なぜか私はワシントンでも，ニューヨークでも，フィラデルフィアでも，サンフランシスコでも道を聞かれる。ホワイト・ハウスと連邦議会のほかは私の専門外なので，「I am sorry. I am a foreigner.」と答えると，ほとんどの人は笑いながら，「I am sorry」と言って，他の人に聞きに行く。その程度に，アメリカではさまざまな人種の

人々がおり，白人や黒人でなくてもあまり違和感をもたれないのである（ただし，非都市部は別のようである）。

　第2のお気に入りの場所は，ナショナル・モールの西の端にあるリンカーン・メモリアルに上がる階段である。その建物にはリンカーン大統領が，まるで「大仏」のように座っており（同大統領は周知のように19世紀半ばに，南北戦争に勝利して黒人奴隷を解放した英雄である。），私のお気に入りの階段の最上段に，キング牧師の有名な「I have a dream」という名言が刻まれている。いつか将来にアメリカに実質的な差別がなくなる日が来るという夢である。南北戦争から百年を経た1963年になっても実質的な黒人差別は根強く残っており，そのリンカーン・メモリアルの前で開催される大集会でキング牧師がその演説をする必要があったのである。

　私がその「I have a dream」の前の段に腰掛けて，3キロ向こうの連邦議会を眺めると，斜め左にベトナム戦争の碑が，斜め右には朝鮮戦争の碑がある。南北戦争も朝鮮戦争もベトナム戦争も，人々の自由のための戦いであった。ちなみに，朝鮮戦争の碑には，「Freedom is not Free」と刻まれている。「自由は無償ではない」とは，決して戦費等の金銭の問題ではなく，自由を獲得して維持するためには国民の血を流すことも厭わないという意志を表現している。

　また，リンカーン・メモリアルの背後にはポトマック川を隔ててアーリントンの戦没者墓地もある。アメリカという国，アメリカ人にとって神聖な場所である。その神聖な自由を具体的に体現するものとしてアメリカ・モデルの市場と民主主義の経済社会がある。現在のグローバル化は，そのアメリカ・モデルの世界展開のチャンスであり，そのためであれば，アメリカの工業が競争に不利になって

144

あとがき

対中国の貿易赤字が拡大することも厭わないのであろう。

　日本人は，そのような神聖な「アメリカの自由」やアメリカ・モデルにいかに対応するべきであろうか，また，中国はどうするつもりであろうか，しっかりウォッチしていかねばならない。

　そのために本書が少しでも役に立つことを願っている。

　最後になったが，このような問題意識と意図を理解して本書を出版してくださる学文社，とりわけ編集者の落合絵理氏に感謝したい。

　2013 年 1 月 4 日

編者を代表して　渋谷　博史

引用・参考文献

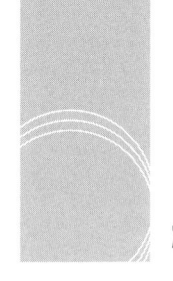

アチャリア，ヴィラル・V．＆マシュー・リチャードソン編（2011）『金融規制のグランドデザイン―次の「危機」の前に学ぶべきこと』（池田龍哉他訳）中央経済社

ANA 総合研究所編著（2008）『航空産業入門』東洋経済新報社

井上昭一（1980）「統計にみるアメリカ自動車工業」『商学論集』（関西大学），第 24 巻第 6 号

井上昭一（1982）『GM の研究』ミネルヴァ書房

井上泰日子（2008）『航空事業論』日本評論社

砂金玲子（1997）『ニューヨークの光と影』マルジュ社

江川由紀雄（2007）『サブプライム問題の教訓―証券化と格付けの精神』商事法務

エーレンライク，バーバラ（2009）『スーパーリッチとスーパープアの国アメリカ』（中嶋由華訳）河出書房新社

大橋英夫（2012）「中国経済の台頭と日米中関係」（日本国際問題研究所編『日米中関係の中長期的展望』日本国際問題研究所，所収）

川波洋一（1995）『貨幣資本と現実資本―資本主義的信用の構造と動態』有斐閣

河村哲二（1995）『パックス・アメリカーナの形成―アメリカ「戦時経済システム」の分析』東洋経済新報社

木本書店編集部（2012）『世界統計白書　2012 年版』木本書店

経済産業省編（2006）『通商白書 2006』

経済産業省編（2007）『通商白書 2007』

経済産業省編（2011）『通商白書 2011』

国際銀行史研究会編（2012）『金融の世界史―貨幣・信用・証券の系譜』悠書館

塩見英治（2006）『米国航空政策の研究―規制政策と規制緩和の展開』文眞堂

渋谷博史（2005）『20 世紀アメリカ財政史』全 3 巻，東京大学出版会

引用・参考文献

渋谷博史（2010）「アメリカ経済社会の基本構造」（渋谷博史編（2010）所収）

渋谷博史編（2010）『アメリカ・モデルとグローバル化Ⅰ　自由と競争と社会的階段』昭和堂

渋谷博史（2011）「芸術文化支援策の現実的根拠」（渋谷博史・片山泰輔編（2011）所収）

渋谷博史・片山泰輔編（2011）『アメリカの芸術文化政策と公共性』昭和堂

渋谷博史・田中信行・荒巻健二（2010）『アメリカ・モデルとグローバル化Ⅲ　外的インパクトと内生要因の葛藤』昭和堂

渋谷博史・中浜隆編（2010）『アメリカ・モデル福祉国家Ⅰ　競争への補助階段』昭和堂

渋谷博史・中浜隆・櫻井潤（2010）「21世紀のアメリカ社会保障」『海外社会保障研究』（国立社会保障・人口問題研究所）171号

渋谷博史・根岸毅宏編（2012）『アメリカの分権と民間活用』日本経済評論社

渋谷博史・塙武郎編（2010）『アメリカ・モデルとグローバル化Ⅱ　「小さな政府」と民間活用』昭和堂

下川浩一（2009）『自動車産業の危機と再生の構造』中央公論新社

鈴木直次（1995）『アメリカ産業社会の盛衰』岩波書店

鈴木直次（2009）「アメリカIT産業の成立と世界展開」（馬場宏二・工藤章編『現代世界経済の構図』ミネルヴァ書房，所収）

田村太一（2007）「オフショアリングの進展と雇用問題」（中本悟編『アメリカン・グローバリズム』日本経済評論社，所収）

田村太一（2011）「IBMの事業再編とグローバル展開」（渋谷博史編『アメリカ・モデルの企業と金融』昭和堂，所収）

堤未果（2008）『貧困大国アメリカ』岩波書店（岩波新書）

夏目啓二（1999）『アメリカIT多国籍企業の経営戦略』ミネルヴァ書房

西川純子・松井和夫（1989）『アメリカ金融史―建国から1980年代まで』有斐閣

根岸毅宏（2006）『アメリカの福祉改革』日本経済評論社

ハートゥング，ウィリアム D.（2012）『ロッキード・マーティン―巨大軍需産業の内幕』（玉置悟訳）草思社

ルービニ，ヌリエル＆スティーブン・ミーム（2010）『大いなる不安定―金融危機は偶然ではない，必然である』（山岡洋一・北川知子訳）ダイヤモンド社

147

ノセラ，ジョセフ（1997）『アメリカ金融革命の群像』（野村総合研究所訳）野村総合研究所

長谷川千春（2010）『アメリカの医療保障—グローバル化と企業保障の行方』昭和堂

長谷川千春（2012）「オバマ医療改革保険—無保険者問題の地域性と分権的な無保険者対策」（渋谷博史・根岸毅宏編（2012）所収）

長谷川俊明（1991）『競争社会アメリカ—競争は善，独占は悪』中央公論社（中公新書）

塙武郎（2012）『アメリカの教育財政』日本経済評論社

塙武郎（2012）「教育政策」（地主敏樹・村山裕三・加藤一誠編著『現代アメリカ経済論』ミネルヴァ書房，所収）

ハマー，M. & J. チャンピー（1993）『リエンジニアリング革命』（野中郁次郎監訳）日本経済新聞社

樋口均（2011）「アメリカ航空規制緩和の国内的および国際的インパクト」（渋谷博史編『アメリカ・モデルの企業と金融』昭和堂，所収）

フリードマン，T.（2006）『フラット化する世界』上下（伏見威蕃訳），日本経済新聞社

フロリダ，R.（2008）『クリエイティブ資本論』（井口典夫訳）ダイヤモンド社

米国商務省（1999）『ディジタル・エコノミー—米国商務省リポート』（室田泰弘訳）東洋経済新報社

マクドナルド，ローレンス＆パトリック・ロビンソン（2009）『金融大狂乱—リーマン・ブラザーズはなぜ暴走したのか』（峯村利哉訳）徳間書店

丸川知雄（2007）『現代中国の産業』中央公論新社（中公新書）

丸川知雄（2009）『「中国なし」で生活できるか』PHP研究所

みずほ総合研究所編（2007）『サブプライム金融危機—21世紀型経済ショックの深層』日本経済新聞出版社

三谷進（2001）『アメリカ投資信託の形成と展開—両大戦間期から1960年代を中心に』日本評論社

三谷進（2003）「アメリカ金融市場の発展と投資信託システム—1990年代を中心に」名城大学『名城論叢』第4巻第2号，11月

山口義行編（2011）『バブル・リレー—21世紀型世界恐慌をもたらしたもの』岩波書店

引用・参考文献

山崎憲（2010）『デトロイトウェイの破綻—日米自動車産業の明暗』旬報社

吉川浩史（2009）「GM によるチャプター・イレブンを活用した再建の行方」
『資本市場クォータリー』（野村資本市場研究所）夏号

Borrus, Michael and John Zysman（1997）"Wintelism and the Changing Terms of Global Competition: Prototype of the Future?" BRIE Working Paper #96B, University of California, Berkeley, February.

Caim, Andrew（1995）"Can-do'Effort Reforms Welfare; Venture Leads People off Benefits into Work," *The Washington Times*, July 26.

Carlye, Hardmod Nicolao ed.（2011）*GM Voltec Powertrain*, Crypt Publishing.

Carnevale, Anthony & Smith, Nicole & Melton, Michelle（2011）*STEM; Science, Technology, Engineering, Mathematics*, Georgetown University, Center on Education and the Workforce Report.

Elliott, Troy（1995）"Culpeper's Partnership to Transform welfare Reform," *Virginia Review*, October.

Goetz, Andrew R.（2002）"Deregulation, Competition, and Antitrust Implications in the US Airline Industry," *Journal of Transport Geography*, vol. 10, issue 1.

Goetz, Andrew R. and Paul Stephen Dempsey（1989）"Airline Deregulation Ten Years After: Something Foul in the Air," *Journal of Air Law and Commerce*, vol. 54, no. 4.

Goetz, Andrew R. and Timothy M. Vowles（2009）"The Good, the Bad, and the Ugly: 30 Years of US Airline Deregulation," *Journal of Transport Geography*, vol. 17, issue 4.

Hamper, Ben（1992）*Rivethead: Tales from the Assembly Line*, Warner Books.

Harbour, Ron（1995, 2001, 2002, 2003）*The Harbour Report North America 1995, 2001, 2002, 2003, 2004; Manufacturing Analysis Company By Company; Plant By Plant, Harbour and Associates, troy*, MI.

Lawler III, Edward E., Susan Albers Mohrman and Gerald E. Ledford Jr.（1998）*Strategies for High Performance Organizations: The CEO Report: Employee Involvement, TQM, and Reengineering Programs in Fortune 1000 Corporations*, San Francisco: Jossey-Bass Publishers.

Manufacturing Institute（2011）*Roadmap to Education Reform for Manufacturing*, Manufacturing Institute, National Association of Manufacturing.

Stanley, Bonnie N. (1995) "Moving from Welfare to Workplace; Who Will Provide JOBS for Aid Recipients?," *Richmond Times*, November 27.

Statistical Abstract of the United State（各年版）

Economic Report of the President（2012年版）

U.S. Department of Commerce, Economics and Statistics Administration and U.S. Census Bureau（2002）*1999 E-Business Process Use by Manu-facturers Final Report on Selected Processes*, March 1, U.S. Census Bureau.

US GAO,（2006）"Airline Deregulation: Reregulating the Airline Industry Would Likely Reverse Consumer Benefits and Not Save Airline Pensions," *Report to Congressional Committee*.

US GAO（2008）"Airline Industry: Potential Mergers and Acquisitions Driven by Financial and Competitive Pressures," *Report to the Subcommittee on Aviation Operations, Safety, and Security*, Committee on Commerce, Science, and Transportation, U.S. Snate.

U.S. House, Committee on Ways and Means（2007）Hearings "To Examine Whether Charitable Organization Serve Diverse Communities", 101st Cong. 1st Sess.

U.S. President, Council of Economic Advisers（2001）*Economic Report of the President transmitted to the Congress January 2001: together with the Annual Report of the Council of Economic Advisers*, Washington, D.C.: U.S.G.P.O.

Vietor, Richard H.K.（1994）*Contrived Competition: Regulation and Deregulation in America*, Belknap Press of Harvard University Press.

Virginia, Joint Subcommittee（1991）The Labor Force Needs of the 1990's, Senate Document, No. 32.

WardsAuto（2011）*U.S. Vehicle Sales by Vehicle Type and Source, 1931-2011*, WardsAuto Group.

WardsAuto（1970-2012）Ward's Automotive Yearbook, Wards Communications.

索　引

あ　行

アセアン	26, 27
アメリカン・ドリーム	1, 7, 121, 141
アンバンドリング	90
移民	12, 135
医療社会主義	120
医療扶助	105
インターネット	56, 57
ウィンテル	62
ウォルマート	112, 118
内なるグローバル化	135
オートキャム社	46, 47
オバマ	46, 116, 120
オフショアリング	66, 67
オプション	90
オープンスカイ政策	80, 83

か　行

格付け会社	92
確定給付年金プラン	78, 83
影の銀行システム	94, 97
カーター	71
カボタージュ	83
「神の手」	7
カルペッパー郡	112
「環境教育」クラス	128
寄付金	131
キャピタル・ゲイン	54
教育歴	50, 127
銀行持株会社	86
金融規制改革法（2010年）	84, 87, 97
金融派生商品	90
金融持株会社	86
空洞化	20, 24, 121
クライスラー	28, 31, 39

グラス・スティーガル法（1933年銀行法）	88
グラム・リーチ・ブライリー法（1999年の金融サービス近代化法）	88, 92
クリエイティブ・クラス	121-123, 135
クリエイティブ・プロフェッショナル	122
クリエイティブ経済化	123
芸術文化・エンタテイメント地区	125
航空規制緩和法（1978年）	69, 73
航空パイロット協会	72
国際決済銀行	91, 94
黒人奴隷	137, 138
国法銀行	86
コミュニティ・カレッジ	105, 110
コミュニティ・ワーク	111
雇用主提供年金	102, 106
雇用主提供医療保険	3, 4, 102, 106, 115, 116, 118-120, 132
コンディット	95

さ　行

財産税	125
債務担保証券	94
サービス化	9, 10, 19, 32, 51, 123
サービス経済化	55, 60, 116
サブプライム	93
サブプライム・ローン	46
ジェファーソン主義	86
資源制約	140, 142
自己資本比率規制	91, 94
資産効果	54
シティバンク	91, 92
社会扶助	101, 102
社会保険	101

社会保障	103	出稼ぎ労働	19
社会保障税	106, 132	デトロイト	33-37, 43, 46, 47, 49-51
社会保障年金	106	デリバティブ〔ズ〕	90-92, 96, 99
シャドーバンキング	91	電子商取引	57
ジャンボ	70	ドッド・フランク法	84-85, 87, 97
州際業務規則	86	ドロップアウト	127

な　行

州法銀行	86	ナチスの収容所	141
証券化	45, 46, 95, 96	南北戦争	137
証券取引委員会	88	二元銀行制度	86
食料スタンプ	103	ニューエコノミー	53
シングル・マザー	2, 126	納税者	100

は　行

人種問題	50	バーガーキング	112
垂直統合	60, 62	パクス・アメリカーナ	7
垂直分裂	60, 62, 64	バージニア州福祉改革	111
ストラクチャー	95	パートタイム雇用	3, 4
スーパー・クリエイティブ・コア		パートタイム労働者	118
	122,124	ハブ＆スポーク	76, 78
スワップ	90	ハブ空港	76, 78
税額控除	125	ハミルトン	86
生活路線補助制度	82	ハンツポイント	128, 131, 133
正規雇用	3, 4	半導体	60, 63, 67
製業スキル資格制度	52	東アジア生産ネットワーク	27
青少年育成プログラム	128	東アジアの国際分業システム	12
世界の工場	12	光ファイバー	5, 56
ゼネラル・モーターズ（GM）	28, 29, 31,	ビークル	95
	32, 34-47, 50, 116	ヒスパニック	2, 47, 126, 127
先住民族	138	非正規雇用	15
全米知事協会	124	ビッグ・スリー	28, 31, 34, 36, 39, 42
専門サービス	16, 17, 19	フェファックス郡	113
ソフトウェア	55, 58-60, 62, 65	フォード〔社〕	28, 31, 36, 39

た　行

		フォード・システム	42
太平洋鉄道法（1862年）	138	フォード〔政権〕	71
大陸横断鉄道	138	福祉依存	141
ダウ＝ジョーンズ工業株平均	54	フリント	34, 35, 40, 47, 51
ダレス空港地域商工会議所	113	フロリダ教授	10, 121-123, 135
単一銀行制度	86	ヘッジファンド	97
「地域コミュニティ活動家養成」クラス		ベルリンの壁	137
	128	ボーイングB747型	70
地域コミュニティ計画	125	補助サービス	16-18, 20
小さな政府	101, 103, 109, 120	ボルカールール	99
チャーター便	70		
低技能	16, 123		

152

索　引

ま　行

民間航空委員会（CAB）	70-73
民間航空法（1938 年）	70
民間財団	131, 134
無保険者（問題）	116, 118-120
メジャー	74, 76-78, 83
メディケア	103, 106, 115, 132
メディケイド	103, 115, 120
メリルリンチ	89
綿花農園	137

や　行

輸出志向工業化戦略	64
豊かな社会	28, 37, 139-142

ら　行

ラウンジ戦争	70
リエンジニアリング	56, 57
リストラクチャリング	56
リボリ	8
リーマン・ブラザーズ	46, 95-98
リンカーン	138
レイオフ	40, 42, 46, 76
冷戦	137
レガシー	74, 77, 82
連邦航空局（FAA）	73
連邦年金給付保証公社	83
連邦破産法	44-46, 77
連邦福祉改革（1996 年）	110, 111
連邦預金保険制度	88
ロッキード・マーケティング社	51

ABCP 導管体	94
AFDC	110, 111
ALM	90
Amazon. com	57
American	75-77
Apple	65
BIS	91
CAB →民間航空委員会	
CDO	94
CMA	89
Delta	75-77
eBay	57
E-Commerce	57
EMS	65
FAA →連邦航空局	73
Foxconn	65
FRB	96
FSC	78
GM →ゼネラル・モーターズ	
GM3800 エンジン	41,43
GMAC	45
Google	57
HIV 対策	129
IBM	62, 65

IC チップ	60
Intel	62
LCC	74, 76-78, 82
Lenovo	65
Microsoft	62
MMMF	89
Moody's	92
NAFTA	23
NPO	9, 109, 127-129, 132-136
OPEC	24
PBGC	83
Powertrain Flint North 工場	41, 43
RMBS	93, 94
S&P	92, 93
SEC	88
SIV	91, 94, 97
SSI	103, 108
STEM	51
SUV（車）	30, 46
TANF	103, 108, 111
UAW	42
VIP（バージニア自立プログラム）	111
Yahoo!	57

153

執筆者

＊渋谷 博史　東京大学名誉教授
　　　　　　　　　（序章，第1章，第7章，終章）

＊塙　　武郎　専修大学経済学部教授（第2章）

　田村 太一　流通経済大学経済学部准教授（第3章）

＊樋口 　均　信州大学名誉教授（第4章）

　三谷 　進　立教大学経済学部教授（第5章）

　根岸 毅宏　國學院大學経済学部教授（第6章1・2）

　吉田 健三　青山学院大学経済学部教授（第6章3）

　　　　　　　　　　　　（執筆順，＊は編者）

グローバル化を読みとく2
アメリカ経済とグローバル化

2013年4月4日　第一版第一刷発行　　　◎検印省略
2019年1月30日　第一版第四刷発行

　　　　　　　　　　　　　　　　　渋 谷 博 史
　　　　　　　　　　　　編 者　樋 口 　 均
　　　　　　　　　　　　　　　　　塙 　 武 郎

発行所　株式
　　　　会社　**学文社**　　郵便番号　　　　153-0064
　　　　　　　　　　　　東京都目黒区下目黒3-6-1
発行者　田 中 千 津 子　電　話　03(3715)1501(代)
　　　　　　　　　　　　振替口座　00130-9-98842

　　　©H. SHIBUYA, H. HIGUCHI, T. HANAWA 2013
乱丁・落丁の場合は本社でお取替します。　　印刷所　シナノ
定価はカバー・売上カードに表示。　　　Printed in Japan

ISBN 978-4-7620-2335-4